四川司法警官职业学院"十三五"规划教材

HENJI JIANYAN JISHU SHIXUN JIAOCHENG

痕迹检验技术

实训教程

米学军／主　编

岑鸿雁　罗　霄／副主编

中国政法大学出版社

2016·北京

四川司法警官职业学院
刑事侦查技术"十三五"实训教材编委会

主　任：刘丹福

副主任：张大立

委　员：刘志刚　刘世模　张　弩

前 言
PREFACE

为适应不断发展的侦查实战需要以及警察院校教育教学改革要求，使侦查教学更加贴近实战，由四川司法警官职业学院组织侦查系骨干教师和成都市公安局、德阳市公安局及绵阳市公安局等实践部门一线的业务骨干、技术能手精心编写了这套刑事侦查技术系列实训教材。

《痕迹检验技术实训教程》是为配合《痕迹检验》教材而编写的。本教材秉承"面向实战、贴近实际、务求实用"的理念，重点突出技能训练。教材选取贴近实战又便于学员学习的内容，注重与理论教材内容的有机衔接。本教程主要介绍手印、足迹、枪弹痕迹以及工具痕迹等检验技术，共有22个实训项目，基本涵盖了实务部门常用的痕迹检验技术，每一实训项目都介绍了实训教学目标、实训内容、实验操作步骤及方法等，本教材使用了大量的图片，以收到析疑解难、易于操作之效，可谓本教材的一个亮点。

本教程撰稿人分工如下：

成都市公安局罗霄：实训一～实训四

德阳市公安局虐祥龙：实训五～实训六

德阳市公安局司海蛟：实训七～实训八

绵阳市公安局杨晓锋：实训九～实训十

德阳市公安局开发区公安分局严科：实训十一～实训十二

四川司法警官职业学院岑鸿雁：实训十三～实训十五

四川司法警官职业学院唐良艳：实训十六～实训十七

四川司法警官职业学院米学军：实训十八～实训二十二

本教材初稿经集体讨论，个人修改后，最后由主编米学军统稿。

在此编者向各位作者深表谢意，谢谢你们为成此书所付出的辛勤努力，更应感谢中国政法大学出版社对本教材编写工作的指导和支持。

由于编者水平有限，其缺点乃至错误难免，恳请读者批评指正。

《痕迹检验实训教程》编写组

2016 年 7 月

目 录
CONTENTS

捺印手印样本

一、实训教学目标

1. 能使用油墨辊调墨。
2. 能规范操作指头三面捺印、全手平面和手掌局部捺印。
3. 能运用理论知识解释操作过程。
4. 能解决捺印过程中常见的问题。

二、实训课时：2 课时。

三、实训内容

（一）指头三面捺印

上至指尖，下至第一组屈肌褶纹，两侧至指甲边缘。

（二）手指、全手平面捺印

1. 手指平面捺印：拇指单捺，其余四指联捺；要求捺取上至指尖，下至第一组屈肌褶纹的手指三面部位，四指联捺要下至小指第一组屈肌纹褶纹。

2. 全手平面捺印：上至各指指尖，下至腕部下边缘各部位的正面花纹（拇指为内侧部位）。

（三）手掌局部捺印

指定的手掌特定部位，如指尖、指节、左右两侧三角、中心花纹、掌上部某指根区及手掌外侧区、内侧区、腕部、虎口等。

四、实训要求

1. 不变形

不变形是指在捺印时，要用力均匀、适度、不扭动、不回转，保持纹线均匀，确保手印完整清晰，以防纹形产生变化。作用力的大小和方向的不同，会对手印特征产生影响。如三面捺印，碾压时压力均匀，碾动连续匀速，才能保障手印完整清晰、不变形。若碾压时力量过大，致使两侧纹线粗线间隔和弧度均产生变化。若碾压过程中有停顿、挪动、倒退或重复的动作，则产生纹线的不正常衔接，局部出现复线或纹线弧度、形态的变化，对于平面捺印，压力的大小对纹线的粗细、连接与分离有影响。若起手利落，直上直下的动作，会使手印不变形，纹线流向正常；若起手动作不利落，离于开纸面时有拧甩的动作，容易出现纹线末端变形以及产生假特征。

2. 指印完整

指印完整是指上端要印到靠近指尖部位，下端要印到手指第一指间褶纹以下，自指的左边缘到指的右边缘，即手指的左面、右面、正面的全部花纹。

3. 纹线清晰、反差要强

纹线清晰是指指纹的中心、三角、内部、外围花纹没有模糊现象，细节特征尚可辨别。要保证指纹清晰，就要注意捺印工具的清洁，手上不得沾染污垢，捺印用力均匀，轻拿轻放，滚动自然。捺印指纹线反差要强，捺印时指纹油墨要深，黑白色调明显。这就要求涂墨时滚动要均匀，着墨时用力要均匀、不能过重，捺印时要滚动均匀，迅速平缓。

4. 捺印指纹着色要均匀

着色均匀是对指纹捺印质量的基本要求，这与计算机自动识别系统的要求是一致的，即纹线局部与整体的色调统一，避免深浅不一，给图像扫描带来困难。所以，要求滚动时速度、压力要均匀，动作要连贯。

5. 捺印指纹纹线要连贯

捺印时应保证被捺印人的手和油墨无杂物，避免人为造成假特征。油墨有杂物会使捺印指纹多出原来没有的特征，手上有杂物会造成纹线断线。

五、实训器材

（1）捺印桌（台）：高度一般为1.1米，以中等身材者前臂端平时正好放在桌面上为宜。

（2）捺印油墨盒。亦可以使用油墨、油墨辊、调墨板（平板玻璃）、奈印板等工具来代替捺印泊墨盒。

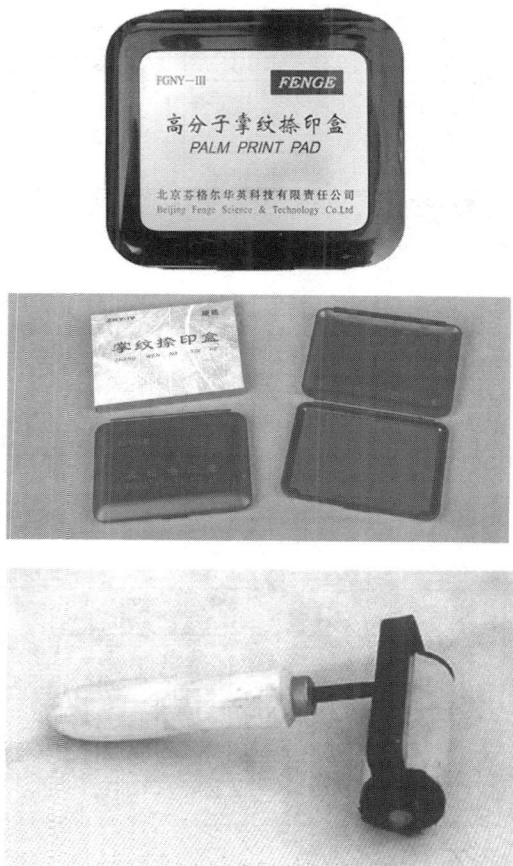

图1-1 捺印油墨盒

（3）捺印纸：十音指纹卡3张、单指指纹卡、专门印制的实训卡片或普通白纸等。

人员编号		十指指纹信息卡		卡号	
R					

姓名		别名		性别		民族		出生日期	
公民身份号码							人员类别		
国籍		证件类型		号码					
户籍地			现住址						
事由				被捺印人 签名					

1.右拇指	2.右食指	3.右中指	4.右环指	5.右小指

6.左拇指	7.左食指	8.左中指	9.左环指	10.左小指

左手平面捺印　　　　　　　　右手平面捺印

指纹补捺

备注		

捺印单位		捺印人 签名	

捺印日期：20　　年　　月　　日　　　　　　中华人民共和国公安部监制

图1－2　指纹信息卡

（4）其他用品：主要用于清洁捺印工具和洗手，如毛巾、脸盆、肥皂等。

图1－3　尸体指纹捺印器

（5）铅笔、记录纸。

六、实训步骤与方法

实训时，两人为一组，互为捺印人和被捺印人，分别捺取对方的手印样本。

（一）做好捺印前的准备工作

（1）检查捺印盒，观察捺印盒油墨面是否平整、细腻、均匀，并用指肚轻轻按压，观察指肚上黏附的油墨是否新鲜、充足。如果捺印盒油墨面结块，应更换捺印盒或添加专用油墨。

（2）检查并清洁被捺印人双手，如被捺印人手面有污垢要用肥皂清洗；如被捺印人手面汗液过多，可用纸巾、干布或酒精擦洗；如被捺印人手面皮肤干燥，可涂以甘油或汽油、煤油，使其柔软，也可让被捺印人的双手在其身上反复摩擦，使手面发热膨胀。在现实工作中，如在手指、手掌、指甲缝等处发现血迹、粉末、人体组织等可疑物质，应照相固定后提取。

（3）在捺印纸上填写被捺印人的姓名、年龄、性别、身高以及捺印人姓名等内容。

（二）放置捺印纸与捺印盒

将捺印纸铺平在捺印桌（台）上，使其捺印部位（格）的下边缘（折叠线）与桌（台）边缘平齐，以适应捺印动作。

（三）令被捺印人正确站位

被捺印人面向捺印台，使其右手侧靠近捺印纸，捺印人位于被捺印人左前方，便于右手捺印。右手捺印完毕，再让被捺印人稍向右站（或将捺印纸向左移动），使其左手侧靠近捺印纸，以方便左手捺印。

（四）正式捺印

1. 三面捺印

捺印时应按拇指、食指、中指、环指、小指的顺序进行。捺印时上端应捺印到靠近尖顶端部位，下端要捺印到手指第一屈肌褶纹以下，侧印时要从指甲左边缘滚到指甲的右边缘。捺印后如发现个别纹线不清晰、不完整或有变形、重叠的，必须在卡片背面补印，并注明手位、指位的名称。

捺印前应对被捺印人双手进行清洁，捺印人用右手拇指、食指望住被捺印人手指第二指节的左右两侧，手掌覆盖于被捺印人的手背上，被捺印人除被捺印手指外，其余四指自然握成拳头。捺印人再用左手拇指、食指轻轻地捏住被捺印人手指尖端，以此控制好整个手背和手指。

将捺印人手指在已滚好油墨的捺印盒上自左至右或自右至左从指甲边缘处开始滚沾油墨至指甲另一边缘处，然后将手指移至捺印纸规定的位置，用同样的方式捺印即可。操作中要均匀用力，一次滚印不可中途停顿、移动、重复或倒退。

捺印时，应先右手后左手，按照拇指、食指、中指、环指、小指的顺序进行捺印，不要随意捺印。

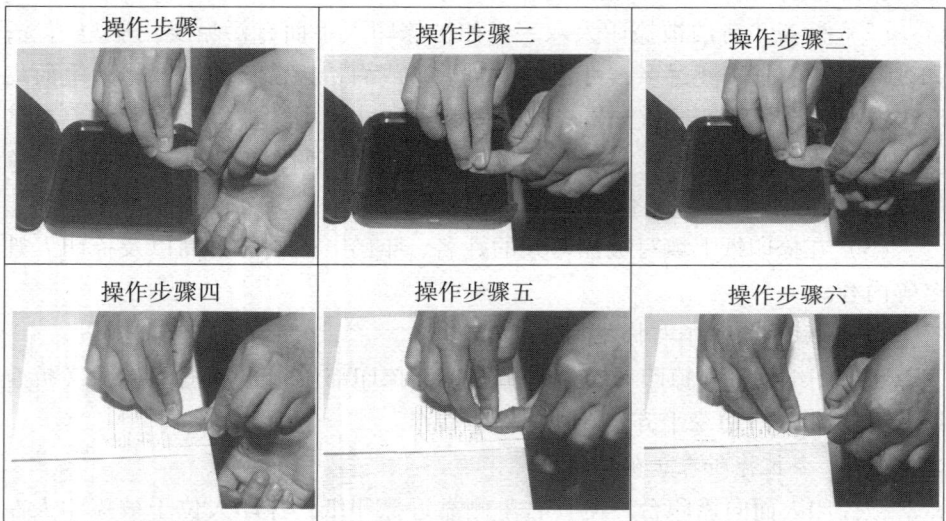

| 操作步骤一 | 操作步骤二 | 操作步骤三 |
| 操作步骤四 | 操作步骤五 | 操作步骤六 |

图 1-3　三面捺印步骤

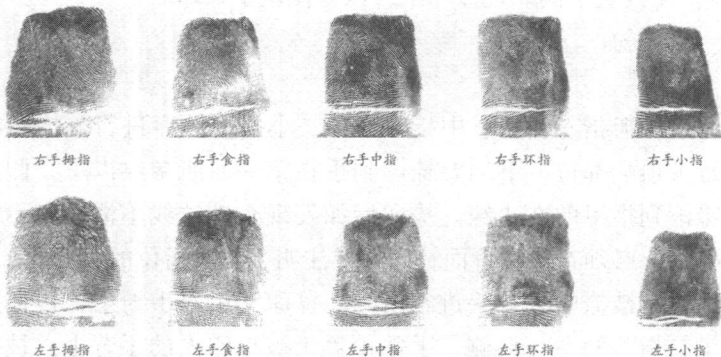

| 右手拇指 | 右手食指 | 右手中指 | 右手环指 | 右手小指 |
| 左手拇指 | 左手食指 | 左手中指 | 左手环指 | 左手小指 |

图 1-4　三面捺印效果图

2. 平面捺印

（1）手指、手掌平面捺印：手指、手掌平面捺印是将手指、手掌垂直按压在指纹卡片的平面捺印处，只需捺印出手指或手掌正面的花纹，并将左右手的食指、中指、环指、小指四指联捺，拇指单捺。手指平面捺印要求捺取上至指尖，下至第一组纹的手指正面部位，四指联捺要下至小指第一组屈肌褶纹，以便校核三面捺印的手位、指位是否准确。手掌平面捺印要求上至各指指尖，下至腕部下边缘各部位的正面花纹。

（2）手指平面捺印。捺印人用右手握住被捺印人掌背两侧，使其食指、中指、环指、小指四指自然并拢伸直，平面接触已滚好油墨的捺印板。再用左手中指、食指二指指尖轻轻按压被捺印人的四指关节和指甲部分，使四指正面全部、均匀沾上油墨，再将其移至捺印纸规定位置用同样方法完成捺印。最后捺取拇指指印于食指边，即完成了手指平面捺印。

捺印时，应按先右手后左手的顺序进行。

（3）全手平面捺印。捺印人右手握住被捺印人手背腕部两侧，使其手指自然伸直，平面接触于已铺好油墨的捺印板上，用左手在其掌背、指节、指尖处施加一定压力（压力要适当，掌背处可适当加大压力），使其掌心、指节、指尖都能沾上油墨。将其移至捺印纸规定位置，以同样的方式完成捺印（见图1-5）。

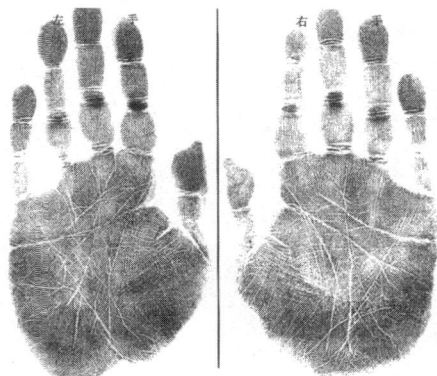

图1-5　全手平面捺印效果图

捺印的顺序依然是先右手后左手。

3. 局部捺印

局部捺印是因手印分析、检验、鉴定工作的需要，根据检材手印的遗留情况专门捺印指纹或掌纹的某一部分。如对指尖、指节、左右两侧三角、中心花纹、掌上部某指根区及手掌外侧区、内侧区、腕部、虎口等局部区域的捺印。

局部捺印是针对手掌或手指的某一局部进行的，操作时应视捺印部位的凹凸形态，采取在捺印盒上滚油墨或用捺印辊直接涂抹的方式进行，把捺印纸置于与捺印局部形体相适应的物体上进行捺印。

（五）检查与补捺

捺印完毕后，应对捺印的指纹、掌纹进行仔细检查，观察其捺印效果是否达到理想状态，对于达不到要求的应在捺印卡片规定位置补捺。

七、实训作业

1. 完成一份十指捺印卡片的制作。
2. 完成两份三面捺印样本的制作。
3. 完成一份左、右手全手捺印样本的制作。
4. 完成一份不同部位的局部捺印样本的制作。

指纹三个系统及纹型分析

一、实训教学目标

1. 能识记指头乳突花纹的流向规律和结构特点。
2. 能划分指头乳突花纹的三个系统。
3. 能识别指头乳突花纹的类型。
4. 能对捺印手印样本进行分类、命名。

二、实训课时：2 课时。

三、实训内容

1. 从三面捺印样本中标识出每个纹型的三个系统（弓型纹除外）。
2. 按指头乳突花纹的"六步分类法"，分析实训项目一中的三面捺印样本中每个手指的花纹类型。

四、实训设备及器材

体视显微镜、马蹄镜、直尺、黑铅笔、红铅笔、十指三面捺印样本等。

五、实训步骤与方法

（一）实训样本的选择

从实训项目一中的三面捺印样本中选纹线清晰、完整的捺印样本作为三个系统及纹型分析的实训材料。

（二）三个系统及三角的标识

1. 仔细观察，定准三角的外角点

利用放大镜仔细观察指头乳突花纹的纹线结构，确定三角，定准三角的外角点。（见图2-1）

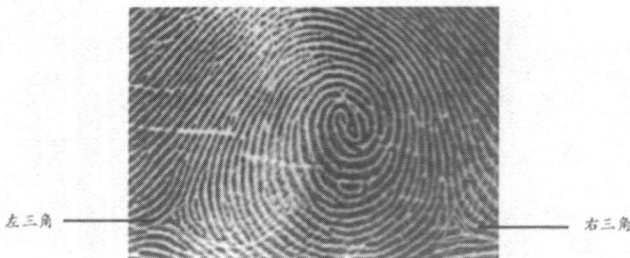

左三角　　　　　　　　　　　　　　　　　　　右三角

图2-1　指纹左右三角

2. 顺三角的上支线、下支线追迹，确定三个系统的分界线

确定各个三角的上支线、下支线、内支线，用红笔顺着上支线、下支线开始追迹描绘。当纹线终止时，顺外侧邻线追迹（上支线）或下侧邻线追迹（下支线）；当纹线分叉时，顺外侧纹线追迹；当纹线中断时，按对应线追迹或对应的一对中外侧相邻纹线追迹。对于箕型纹，上支线、下支线同时追迹至箕口附近即可；对于斗型纹，上支线、下支线分别追迹至对侧三角的上支线、下支线附近即可。

需要说明的是，一个主三角的纹型（如箕型纹），从三角外角点开始，上支线、下支线同时追迹；两个或两个以上三角的纹型（如斗型纹），有两个主三角，选出其中任何一个三角的最外一个上支线、一个下支线进行追迹。（见图2-2）。

图2-2

3. 标识出三个系统

根据上支线、下支线的追迹线所表明的分界线，用红色笔或钢笔标识出三个系统，并注明名称。（见图 2-3）

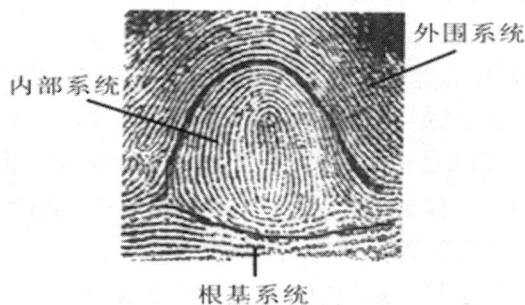

图 2-3

4. 标识出三角的结构名称

用红色笔准确、清楚地标识出三角的外角、内角、上角、上支线、下支线、内支线。如果有两个或两个以上的三角，选择其中之一进行标识即可。（见图 2-4）

图 2-4　指纹三角的标识

（三）纹型的分类

1. 仔细观察

利用放大镜（或马蹄镜）仔细观察指印样本，熟悉指印样本乳突花纹的形态结构特征。

2. 详细分类

根据"六步分类法"对指头花纹逐级分类，即从指纹的组成结构、内部花纹的具体形态、中心花纹的倾斜方向或流向、中心纹线的位置高低或纵向长短、中心腔内的线数结构及指纹三角的相对位置等六个方面进行分类。

3. 准确命名

标出每个指头花纹的类型名称。原则上命名顺序与分类顺序相反，为三角远近、中心线数、高低长短、倾斜方向或流向、内部形态、组成结构，如一线中帐无倾帐形纹、远角多线短顺时双箕斗型纹等。为顺口可做个别调整，例如，"远角、三线、高抬头、右、开口、箕"——"远角三线高抬头右开口箕"。

4. 按"六步分类法"进行分类，具体操作如下：

第一步，按整个花纹组成结构的不同可将指纹分为弓型纹、箕型纹、斗型纹和混杂型纹四大基本类型。

（1）对于弓型纹按照下表顺序进行。

表 2 - 1   弓型纹六步分类表

组成结构	内部形态	倾斜流向	高低长短	中心线数	三角远近
弓型纹	弧形纹	左倾弧 无倾弧 右倾弧	高　弧 中　弧 低　弧		
	帐形纹	左倾帐 无倾帐 右倾帐	高　帐 中　帐 低　帐	1~2 支撑帐 3~4 支撑帐 5 支以上撑帐	

第二步，按内部花纹的不同形态，弓型纹可分为弧形纹和帐形纹。（见图 2 - 5）

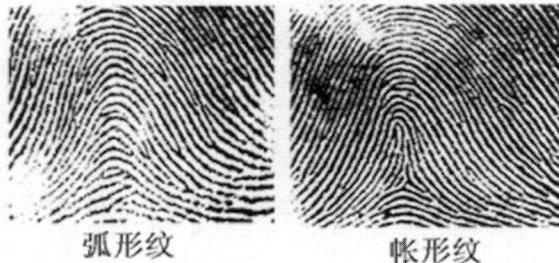

弧形纹　　　　　　帐形纹

图 2 - 5

第三步，根据中轴线倾斜方向，可将弧形纹分为左倾弧（上端向左倾斜）、右倾弧（上端向右倾斜）、无倾弧（无明显倾斜方向）。根据主支撑线倾斜方向，可将帐形纹分为左倾帐（上端向左倾斜）、右倾帐（上端向右倾斜）、无倾帐（无明显倾斜方向）。（见图2-6）

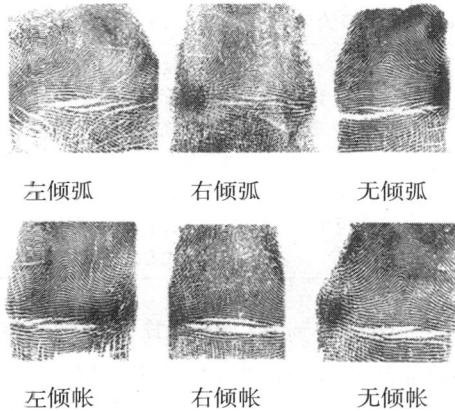

左倾弧　　　　右倾弧　　　　无倾弧

左倾帐　　　　右倾帐　　　　无倾帐

图2-6

第四步，根据弧形纹中心弧形线的弧凸点向两侧展开角度（即展角α）的大小，可将弧形纹分为低弧（α>145°）、高弧（α<115°）、中弧（115°≤α≤145°）；根据帐形纹三角线外角点至最高支撑线上方第一条弓形线顶点的距离（S）长短，可将帐形纹分为高帐（S≥5.1cm）、低帐（S≤2.5cm）、中帐（2.5cm<S<5.1cm）。（见图2-7）

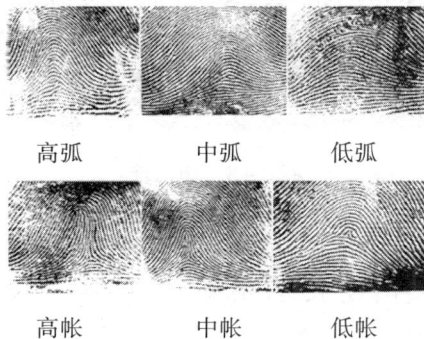

高弧　　　　中弧　　　　低弧

高帐　　　　中帐　　　　低帐

图2-7

第五步，按帐形纹花纹中心的支撑线的数量多少，可将帐形纹分为一线帐、二线帐、三线帐、四线帐、多线帐（大于等于 5 条线）。

（2）对箕型纹按照下表顺序进行。

表 2 - 2　箕型纹六步分类表

组成结构	内部形态	倾斜流向	高低长短	中心线数	三角远近
箕型纹	开口箕 { 连枝箕 平枝箕 闭口箕 { 瘦长箕 胖圆箕 普通箕	{ 左箕 右箕 { 正箕 反箕	高头箕 中头箕 矮头箕 横头箕 俯头箕 长闭口箕 短闭口箕	空心箕 一线箕 二线箕 三线箕 四线箕 五线以上箕 点眼箕	近角箕（少线箕） 6 线以下 远角箕 { 7～9 线 10～12 线 13 线以上

第二步，依箕口的开闭可分为开口箕（箕口呈敞开状态）和闭口箕（箕口呈闭合状态或具有明显的闭合趋势），依其内部形态分为普通箕（箕头呈椭圆形并较圆滑，纹线间隔中等匀称，三角位于箕枝中部）、瘦长箕（箕形线陡而狭小，纹线细密，外形瘦长）和胖圆箕（箕头呈宽而圆的状态，纹线间隔中等匀称或呈较大圆弧状，三角多位于箕枝中上部）。（见图 2 - 8）

图 2 - 8　闭口箕

第三步，根据箕头或箕口的朝向，可将型纹分为左箕（箕头朝向左上方）、右箕（箕头朝向右上方），或正箕（箕口朝向小指方向）、反箕（箕口朝向拇指方向）。（见图 2 - 9）

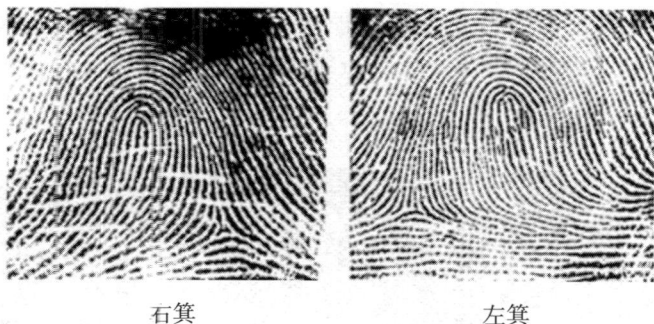

石箕　　　　　　　　左箕

图 2 − 9

正箕：左手右箕，右手左箕。

反箕：左手左箕，右手右箕。

第四步，开口箕依其箕头的高低位置不同，可分为抬头箕（箕头朝上，箕口朝下）、卧头箕（箕头、箕枝、箕口呈横卧状态）、俯头箕（箕头朝下弯垂）、倒头箕（箕头垂直朝下，箕口垂直朝上）。闭口箕依其箕头中心点（最高点）至箕口闭合点之间的距离（S）的长短，可分为长闭口箕（S ≥ 5.1cm）、短闭口箕（S ≤ 5.0cm）。（见图 2 − 10）

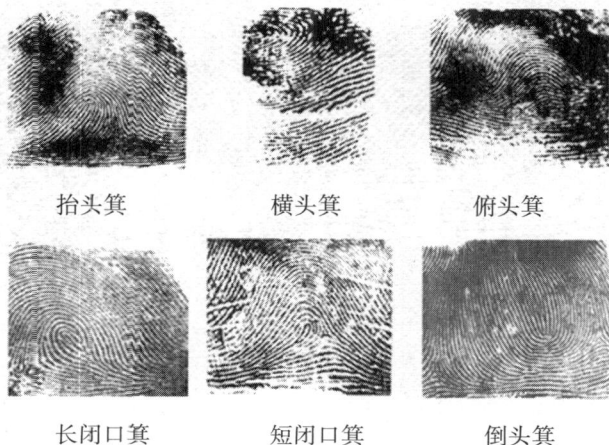

抬头箕　　　　　　横头箕　　　　　　俯头箕

长闭口箕　　　　　短闭口箕　　　　　倒头箕

图 2 − 10

第五步，按中心箕形线的箕头内的线条数量多少或不同结构，可将箕型纹分为一线箕、二线箕、三线箕、四线箕、多线箕（大于等于 5 条线），或空心箕（中心箕形线箕头内分析圆半径 2.5cm 范围内无任何纹线）、点眼箕（中心箕形线箕头内分析圆半径 2.5cm 范围内有明显的小点、小眼、小桥等特征）。（见图 2 – 11）

空心箕　　　　　　　一线箕　　　　　　　多线箕

图 2 – 11

第六步，根据花纹中心点与三角外角点间的间隔线数不同，可将箕型纹分为近角箕（小于等于 6 条线）、远角箕（大于等于 7 条线），其中，远角箕可以进一步分为 7~9 条远角箕、10~12 条远角箕、13 条以上远角箕。（见图 2 – 12）

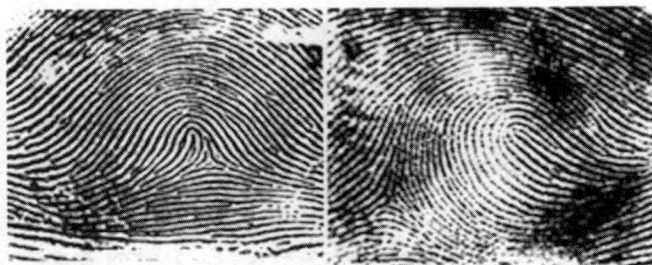

近角箕　　　　　　　　远角箕

图 2 – 12

（3）对斗型纹按照下表顺序进行。

表 2 - 3　斗型纹六步分类表

组成结构	内部形态	倾斜流向	高低长短	中心线数	三角远近
斗型纹	环形斗 螺形斗 曲形斗 绞形斗 双箕斗 囊形斗	环 { 左倾环 无倾环 右倾环 } 螺、曲、绞、双箕 { 左旋（正旋） 右旋 } 囊 { 左囊（正囊） 右囊（反囊） }	环、螺、曲、绞、双箕 { 正圆 椭圆 长圆 }	空心斗 一线斗 二线斗 三线斗 四线斗 五线以上斗 点眼斗	近角斗（少线斗） 8 线以下 远角斗 { 9~11 线 12~14 线 15 线以上 } 左三角 追迹法

第二步，按斗型纹内部花纹的不同形态，又可分为环形斗、螺形斗、绞形斗、曲形斗、双箕斗、囊形斗及杂形斗等。（见图 2 - 13）

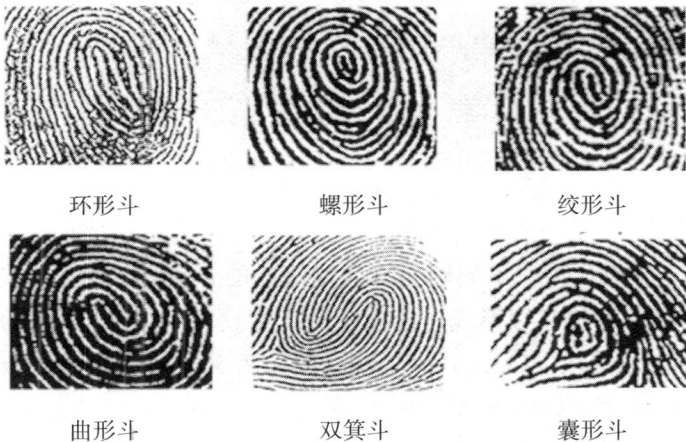

环形斗　　　　　　　　螺形斗　　　　　　　　绞形斗

曲形斗　　　　　　　　双箕斗　　　　　　　　囊形斗

图 2 - 13

第三步，环形斗依其环形线的中心轴上端倾斜方向分为左倾环（向左倾斜）、右倾环（向右倾斜）、无倾环（无明显倾斜方向）；螺形斗、绞形斗、曲形斗、双箕斗依纹线旋转的方向分为顺时螺、绞、曲、双箕（顺时旋转）

和逆时螺、绞、曲、双箕（逆时旋转），或正螺、绞、曲、双箕（旋向拇指）和反螺、绞、曲、双箕（旋向小指）；囊形斗依囊头的朝向分为左囊（囊头朝向左）、右囊（囊头朝向右），或正囊（囊头朝向拇指）、反囊（囊头朝向小指）。（见图2－14）

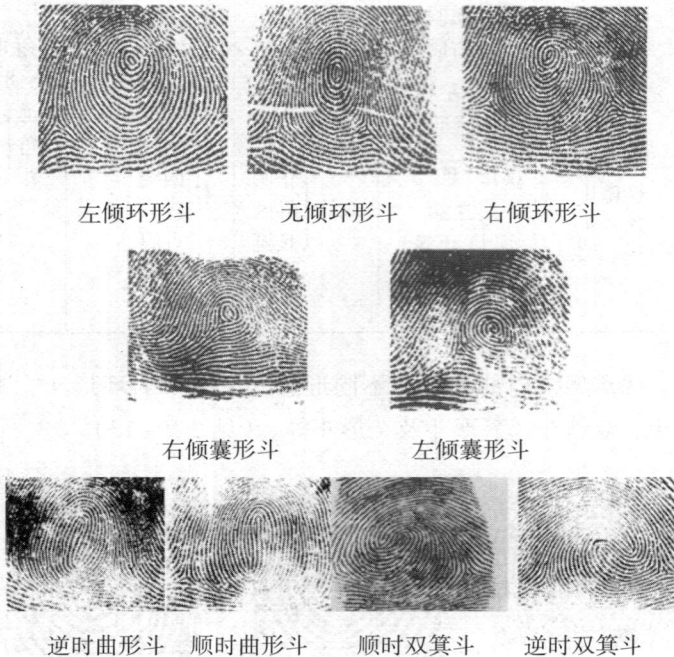

左倾环形斗　　　无倾环形斗　　　右倾环形斗

右倾囊形斗　　　　　左倾囊形斗

逆时曲形斗　顺时曲形斗　　顺时双箕斗　　逆时双箕斗

图 2 － 14

第四步，斗型纹中，不同倾斜方向或流向的各种环、螺、绞花纹，依花纹中心第一圈环形线、螺形线、绞形线的长度（S）不同，分别分为正圆环（S≤2.5cm）、长圆环（S≥5.1cm）、椭圆环（2.5cm＜S＜5.1cm），或正圆螺（S≤2.5cm）、长圆螺（S≥5.1cm）、椭圆螺（2.6＜S＜5.0cm），或正圆绞（S≤2.5cm）、长圆绞（S≥5.1cm）、椭圆绞（2.6＜S＜5.0cm）；曲形斗按中心曲形线两弯头顶点间的距离（S）长短，可分为短曲形斗（S≤5.0cm）、长曲形斗（S≥5.1cm）；双箕斗按中心曲形线两端弯转处（假箕头）的顶点间的距离（S）长短，可分为短双箕斗（S≤5.0cm）、长双箕斗（S≥5.1cm）；囊形斗按箕头顶点至箕口夹角点的距离（S）长短，可分为长囊（S

≥5.1cm）、短囊（S≤ 5.0cm）。（见图 2 – 15）

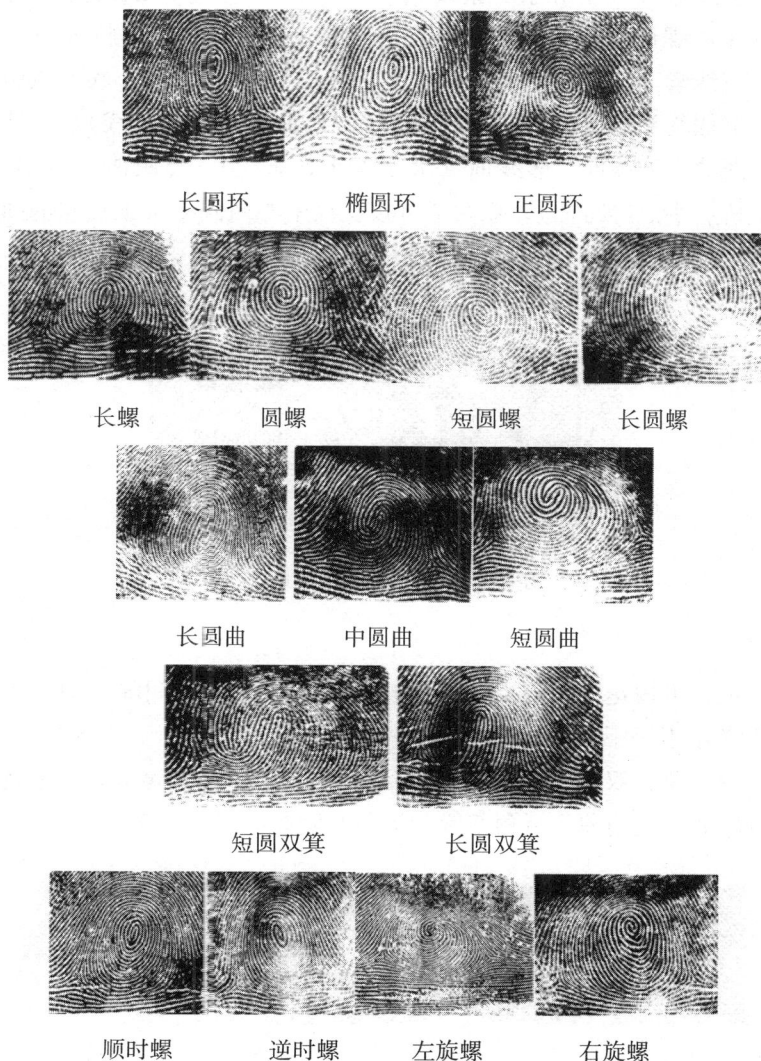

长圆环　　　椭圆环　　　正圆环

长螺　　　圆螺　　　短圆螺　　　长圆螺

长圆曲　　　中圆曲　　　短圆曲

短圆双箕　　　长圆双箕

顺时螺　　　逆时螺　　　左旋螺　　　右旋螺

图 2 – 15

第五步，斗型纹中，环、螺、囊形斗按中心环形线、中心螺形线、中心囊内纹线数量多少或不同结构，分别分为一线环、二线环、三线环、四线环、多线环（大于等于 5 条线）、空心环（中心环形线内无任何纹线）、点眼环

（中心环形线内有明显的小点、小眼、小桥、小勾等特征）；一线螺、二线螺、三线螺、多线螺（大于等于 4 条线），空心螺（中心螺形线内无任何纹线）、点眼螺（中心螺形线内有明显的小点、小眼、小桥、小勾等特征）；一线囊、二线囊、三线囊、四线囊、多线囊（大于等于 5 条线），空心囊、点眼囊；曲形斗按正置假箕头内线数不同或结构分为空心曲（无任何纹线）、一线曲、二线曲、三线曲、四线曲、多线曲（大于等于 5 条线），点眼曲（有明显小勾、小眼、小桥、小点等特征）；双箕斗可按花纹中心两假箕头顶点间的间隔线数不同分为一线双箕、二线双箕、三线双箕、四线双箕、五线双箕、多线双箕（大于等于 6 条线）。（见图 2－16）

空心螺　　　　点眼螺

图 2－16

第六步，可按花纹中心点与近三角的外角点之间的间隔线数分为近角斗或少线斗（小于等于 8 条线）、远角斗或多线斗（大于等于 9 条线），分别将环、螺、绞、曲、双箕称为近角环、远角环；近角螺、远角螺；近角绞、远角绞；近角曲、远角曲；近角双箕、远角双箕。（见图 2－17）

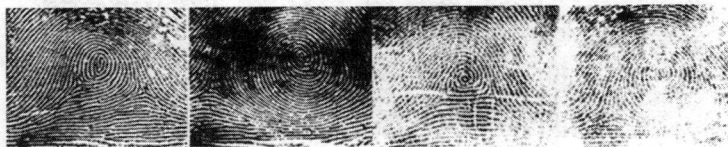

近角螺　　　远角螺　　　近角环　　　远角环

图 2－17

（4）对混杂型纹按照下表顺序进行。（见表2-4）

表2-4　混杂型纹六步分类表

组成结构	内部形态	倾斜流向	高低长短	中心线数	三角远近
混杂型纹	箕斗混合形纹 箕帐混合形纹 并列斗形纹 并列箕形纹 杂形纹				

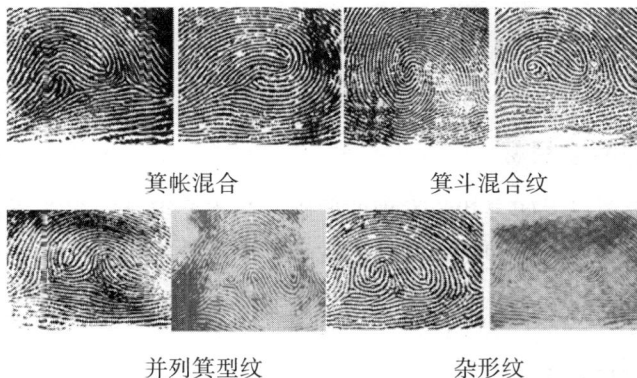

箕帐混合　　　　　　　　箕斗混合纹

并列箕型纹　　　　　　　　杂形纹

图2-18

六、实训作业

1. 从实训一的三面捺印样本中选纹线清晰、完整的捺印样本标识出三个系统，即内部系统、外围系统、根基系统，并描绘出分界线。

2. 按指头乳突花纹的"六步分类法"从实训一的三面捺印样本中选纹线清晰、完整的捺印样本进行分类并命名。

光学显现手印

一、实训教学目标

1. 能识记现场手印寻找与发现的原则、基本要求。
2. 能使用普通光源和特种光源显现现场手印。
3. 能操作照相机对显现的手印进行拍照固定。

二、实训课时：2 课时。

三、实训内容

1. 寻找现场手印。
2. 光学显现现场手印。

四、实训设备及器材

1. 普通光源

图 3 - 1　普通光源

2. 特种光源

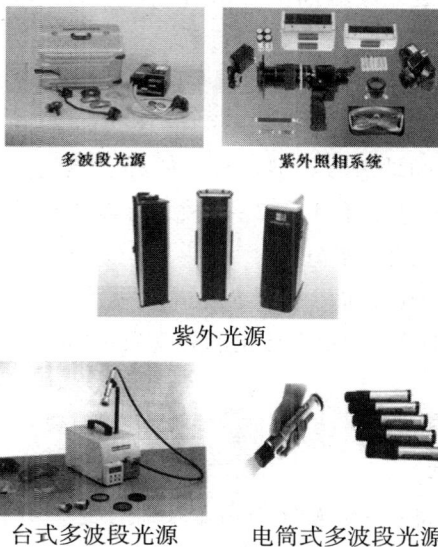

多波段光源　　　　紫外照相系统

紫外光源

台式多波段光源　　　电筒式多波段光源

图 3 - 2　特殊光源

3. 比例尺

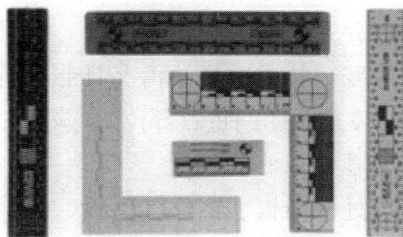

图 3 - 3　比例尺

五、实训条件与环境

（一）现场条件

室内盗窃案件（可以在校内的"模拟现场"内进行）。

（二）客体条件

1. 门框、锁扣上留有手印 2～4 枚，提取 2 枚为满分（每枚显现方法得当给一半分，有鉴定价值给一半分）。

2. 按压开关及附近油漆墙面上各留有手印 1 枚，均提取给满分（提取 1 枚给一半分）。

3. 桌柜或保险柜撬压痕迹附近留有手印 2～4 枚，提取 2 枚为满分（每枚显现方法得当给一半分，有鉴定价值给一半分）。

4. 桌柜及茶几上的玻璃板、玻璃杯、瓷杯、笔筒、金属杯、文具盒等各种器皿，其中，两器皿上留有手印 2～4 枚，提取 2 枚给满分（每发现 1 枚给一半分，显现方法得当给一半分）。

5. 桌柜、保险柜旁边地面上散落的纸币、硬币、单据若干，其中，一纸币和单据上各留有手印 1 枚，提取 2 枚给满分（发现给一半分，提取给一半分）。

六、实训步骤与方法

（一）分组、分工

以区队为单位，将 4～5 人分为一个实训小组，并按教师的要求进行实训。实训时，各组组长为负责人，其中，两人寻找、发现手印，其他人观察配合，然后轮流操作。

（二）寻找、发现现场手印

寻找和发现现场手印，必须遵循先重点后一般、先观察后显现、先静观后动手、先戴手套后拿物、先拍照后处理的原则。根据不同性质的案件及不同现场的特点，结合现场变动特点，具体情况具体分析。一般来说，应将下列区域或物体作为寻找、发现手印的重点部位。

1. 出入现场的途中可能接触的物体

其主要有现场出入口处的门框、窗框、门板、把手、锁等；出入现场途中借以攀扶的物体和某些障碍物，如走廊、管道、扶梯、墙头、瓦片、砖头、桌椅等，其上面都容易留下作案人的手印。

2. 作案活动的中心区域

作案活动的中心区域是作案人实施犯罪的主要场所，也是进行破坏的重点部位，主要是那些在作案过程中被作案人挪动、翻动、毁坏、侵害、抛散或遗弃的物体等，其上往往留有手印。

3. 作案工具和其他现场遗留物

遗留在现场的作案工具，有的是作案人自制、自备带入现场的，其上面的手印多为作案人所留；有的是作案人就地取材的，对其上面的手印，应注意排除事主的手印后，方用于检验。其他遗留物一般指作案人遗留于现场的纺织品、手套、帽子、纽扣及遗漏的随身携带物品或赃物等，在其上面重点寻找、发现手印，此时所获得的手印价值较大。

4. 与案件相关的某些设备或物品

主要有开关、插头、插座、灯泡、灯罩等照明设备或脸盆、布片、纸片以及用过的水具、餐具、烟具等，其上面都可能留下作案人的手印。

5. 被害人的身体或衣物

对被害人的身体或衣物，也要认真勘验，发现、寻找上面的手印。

（三）观察手印的方法

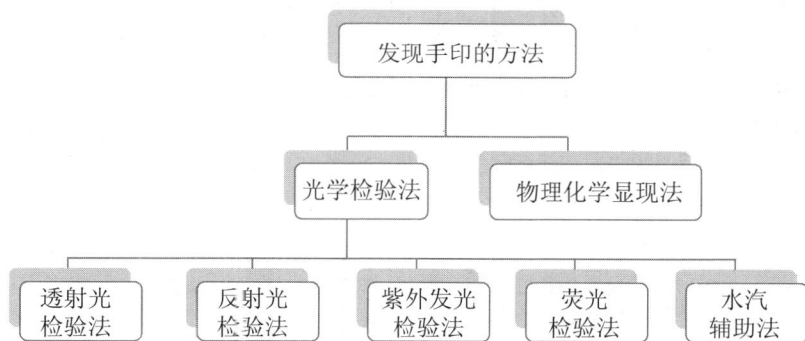

图 3-4 手印检验方法图

1. 普通光源观察法

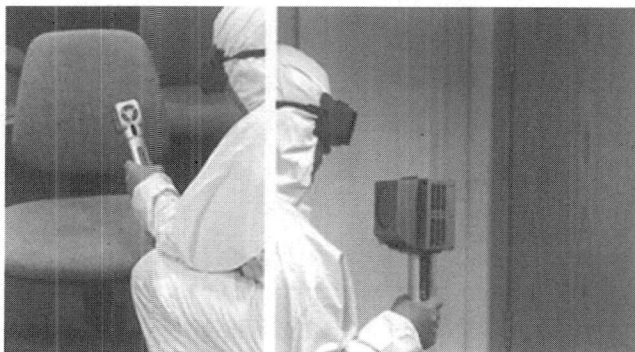

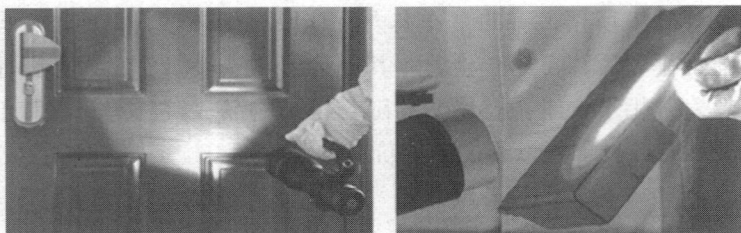

图 3 - 5　普通光强光搜索

（1）透射光观察法。对于光滑且透明的客体表面上的汗潜手印，可以用透射光观察法进行观察。观察时，应根据光线的强弱和手印的反差不断调整视线与光线的角度。一般情况下，光线若垂直照射于客体背面，人的视线应以45°角左右观察；人的视线若以垂直角度观察，光线则应以45°角左右照射物体。如果手印反差微弱，可在不改变视线角度的前提下，适当调整光照角度，反复观察。可在客体的背面放置不同颜色的衬纸，以增强反差，便于观察。（见图3 - 6）

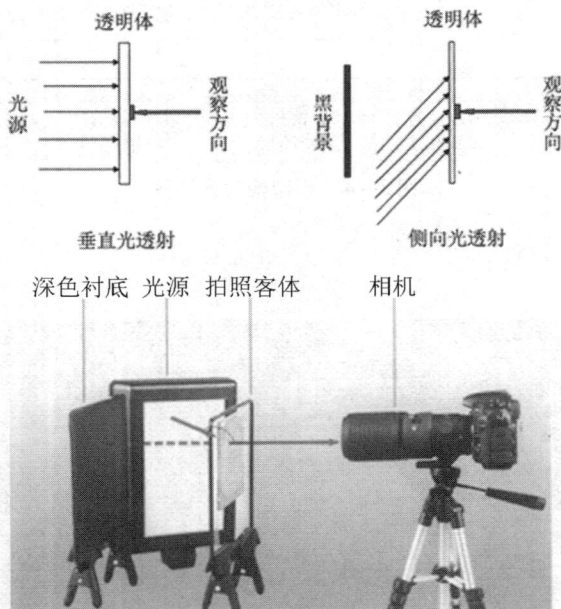

图 3 - 6　透射光观察法

（2）反射光观察法。对于光滑且非透明的客体表面上的汗潜手印，可以用反射光观察法进行观察。观察时，一般是光线与视线均以相对方位并成 45°角左右，从同一表面进行观察；也可以将客体置于暗处，用微弱的人造光源以 0°～15°角照射客体表面，人的视线垂直客体表面进行观察；还可以根据客体表面的不同特点，灵活调整视线与光线的相对角度进行观察。（见图 3 - 7）

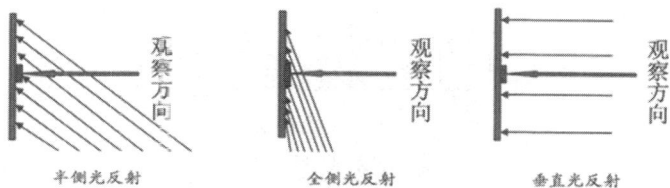

半侧光反射　　　　全侧光反射　　　　垂直光反射

图 3 - 7　反射光观察法

2. 特种光源观察法

对于各种客体上的汗潜手印，还可以借助多波段光源、蓝光灯、紫外灯等特定的仪器进行观察，以取得理想效果。（见图 3 - 8）

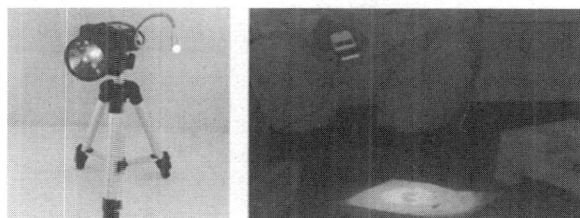

紫外光检验法

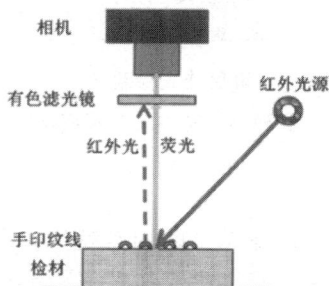

相机

有色滤光镜　　　　　　红外光源

红外光　荧光

手印纹线
检材

红外荧光检验法

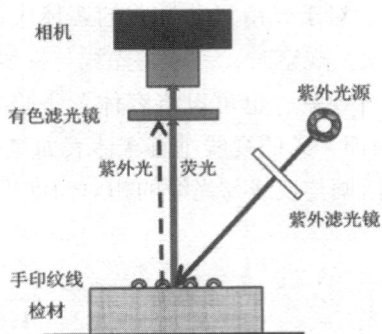

紫外荧光检验法

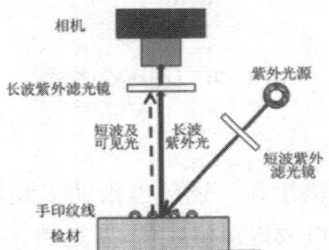

紫外发光检验法

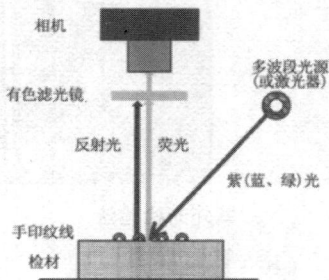

可见荧光检验法

图 3-8　特种光源观察法

3. 激光显现法

利用潜在手印中存在的各种成分的固有特性,即手印汗液中含有的多种化合物,这些化合物中,有些能显出天然荧光,如汗液中的核黄素及维生素 B6,分别显示出 565 及 400 纳米的荧光。由于这些物质在手印中含量极微,因此,在普通光线照射下并不能看出发光反应。但在激光照射下,可以发光

与之相配合，能得到较好的手印图像。（见图 3 - 9）

适用范围：可以显现纸张、塑料、玻璃、不锈钢、泡沫聚苯乙烯、木质、金属、票证以及皮肤等客体上遗留的新鲜或陈旧的手印。

由于从被检物表面散射出来的激光对眼睛有损伤，因此，应戴激光安全护目镜进行操作。激光照射手印可以看到荧光手印，透过不同发光颜色，可以分辨出手印的新旧程度（新鲜手印发出黄绿色，陈旧手印发出橙黄色）。

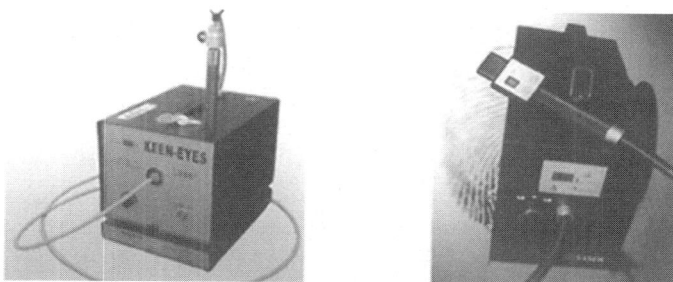

图 3 - 9　激光显现法

（四）留有手印客体的处理

提取留有手印的客体之前，首先应拍照、测量、记录该客体在现场中所处的位置及与其他客体或痕迹物证之间的相互关系，然后视不同情况分别予以处理。

第一，对于现场上的细小客体，应集中放置，并用色笔加以明显的标记，以防其他无关人员触动或破坏。

第二，对于较大的客体，通过色笔画圈等方法加以标示即可。

第三，对于室外客体，在经过记录固定后，应及时移到室内来，以避免风、雨、雪等自然现象的侵蚀和破坏。

第四，如果需要提取带有手印的客体，首先应多角度地对该客体进行拍照，在征得有关方面的同意并办理相关手续后，方可提取。用后应及时归还。

第五，对于纸张、纺织品等柔软的小客体，将其夹入书中即可；对于金属、玻璃、瓷器等硬质小客体，可用胶带将其粘入纸盒或其他容器内，并将留有手印的一面朝上，以避免破坏手印。

七、实训作业

1. 针对不同客体，运用不同光源寻找、发现现场手印。
2. 完成光学法发现现场手印实训报告一份。

粉末法显现手印

一、实训教学目标

1. 能识记粉末法显现汗潜手印的机理及几种常用粉末的性能、适用的客体范围。

2. 能规范操作粉末法显现汗潜手印。

3. 能固定、提取粉末法显现的手印。

二、实训课时：2课时。

三、实训内容

选用几种常用的粉末显现不同客体上的汗潜手印。

四、实训设备及器材

（1）粉末。包括铝粉、青铜粉、氧化铜、静电复印粉、石墨粉、硒粉、蒽粉、曙红、磁性粉等。

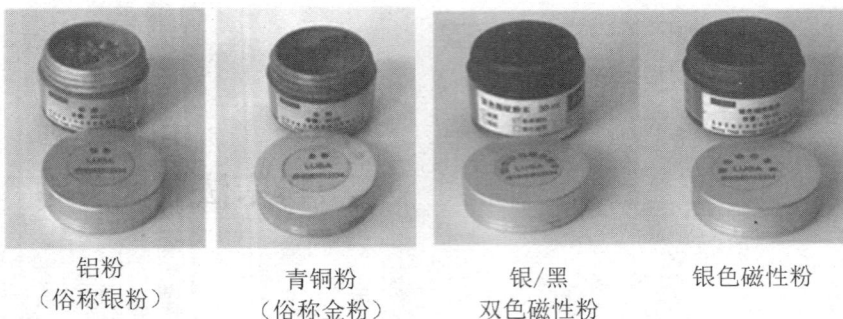

<table>
<tr><td>铝粉
（俗称银粉）</td><td>青铜粉
（俗称金粉）</td><td>银/黑
双色磁性粉</td><td>银色磁性粉</td></tr>
</table>

图 4 - 1　粉末种类

（2）工具。包括毛刷、磁性刷、剪刀、胶水、透明胶带、黑衬纸、白衬纸、各种器皿等。

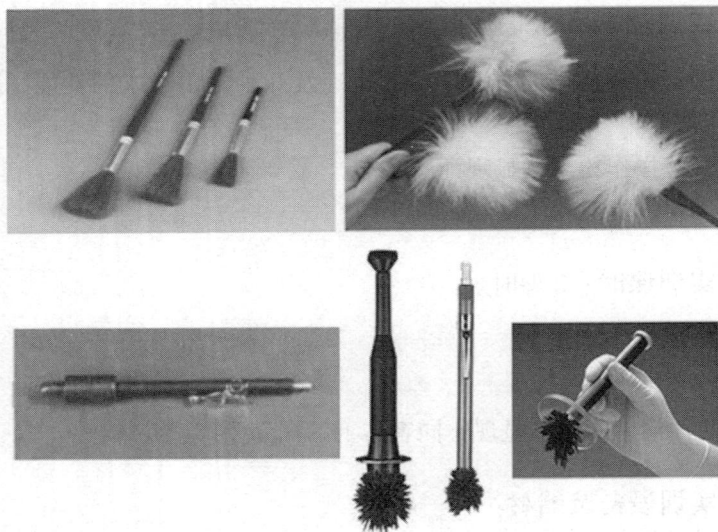

图 4 - 2　工具

（3）客体。包括玻璃、陶瓷、搪瓷、胶木、油漆木、本色木、塑料制品、电镀制品、各种纸张等。

五、实训步骤与方法

（一）常用粉末的适用范围

1. 铝粉

铝粉，俗称"银粉"，为银灰色金属粉末，附着力很强，主要适用于显现玻璃、陶瓷、搪瓷、油漆物面、电镀制品、塑料制品等硬质光滑客体表面上的新鲜和较陈旧的手印。因附着力很强，对潮湿客体表面上的汗潜手印及汗垢、油垢手印则不适用。

2. 青铜粉

青铜粉，俗称"金粉"，为金黄色金属粉末，附着力也很强，适用客体与铝粉相同。

3. 氧化铜

氧化铜粉为棕黑色亚金属粉末，附着力次于金粉与银粉，适用于显现瓷器、玻璃、金属、喷漆、木器等客体表面上的新鲜手印。另外，其对粗糙纸张上的新鲜手印也有显现效果。

4. 磁性粉

磁性粉是用铁粉与色粉混合并能被磁力吸引起来的混合粉末，常用的是硒静电复印粉（或炭黑）加入 1/3 体积左右的铁粉混合而成，呈棕黑色，粉末细，附着力较强，适用于显现玻璃、瓷器、油漆物面、塑料制品、电镀制品以及皮革、人造革、竹器、各种光滑纸张、证券等客体上比较新鲜的手印。如果需要配制浅色或彩色磁性粉，可用 1/3 钴粉（土黄色）或 1/3 镍粉（灰白色），加 2/3 青铜粉或各种染料粉混合而成；也可以视手印的新旧情况和客

图 4 - 3　磁性粉

体表面的光滑程度灵活掌握铁粉与色粉的比例,如果手印较陈旧或客体表面较粗糙,色粉的比例应大一些,反之应小一些。

5. 荧光粉

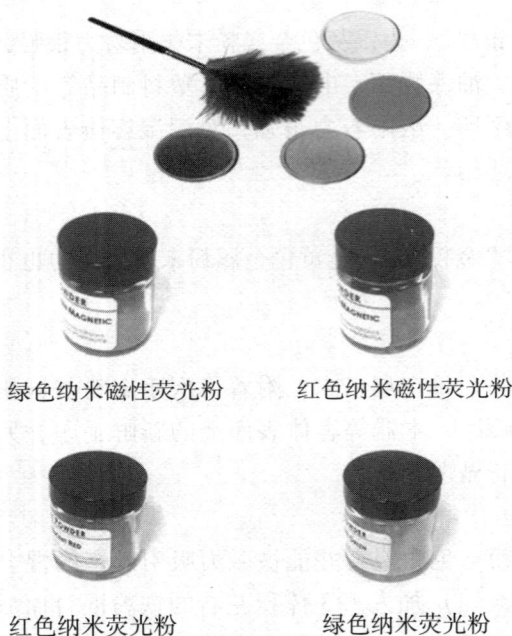

绿色纳米磁性荧光粉　　　红色纳米磁性荧光粉

红色纳米荧光粉　　　　　绿色纳米荧光粉

图4-4　荧光粉

能够发出荧光的粉末较多,常用的有以下几种:

(1)蒽粉[$C_6H_4(CH)_2C_6H_4$]。蒽粉为白黄色粉末,颗粒较粗,附着力较差,对新鲜手印显现效果一般。它在紫外线灯照射下能够发出白黄色荧光,适用于显现画报、花瓷器、花玻璃、花木器、人民币等各种彩色客体上的新鲜手印。

(2)硫化锌(ZnS)。硫化锌为浅灰白色粉末,在紫外线灯照射下能够发出淡蓝色荧光,适用客体与蒽粉相同。

(3)曙红($C_{20}H_8B_{14}O_5$)。曙红粉又称"四溴荧光红",为红色结晶粉末,在紫外线灯照射下能够发出亮红色荧光。适用客体也与蒽粉相同。

（二）粉末显现汗潜手印的操作方法

1. 撒粉刷显法

撒粉刷显法，即用毛刷蘸取少量的粉末，并用一指轻轻弹击刷柄，使粉末徐徐落在被显客体表面上，待被显客体表面均匀地落上薄薄的一层粉末后，再用毛刷刷去多余的粉末。待出现纹线后，再顺着纹线的流向轻轻刷动，直至手印全部清晰显出为止。（见图4－5）

蘸少许粉末，弹击刷柄，粉末飘落　　　　　轻轻刷动，带有手印轮廓后，顺着纹线方向刷动

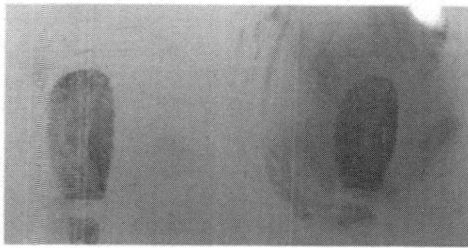

黑色纳米磁性粉末刷显效果　　　　黑色普通磁性粉末刷显效果

图4－5　撒粉刷显法

2. 蘸粉（直接）刷显法

对于垂直客体表面上的手印显现，可用毛刷蘸取较多的粉末，直接从下往上轻刷于客体表面，待出现纹线后，弹去毛刷上多余的粉末，并顺着纹线的流向轻刷至纹线清晰为止。（见图4－6）

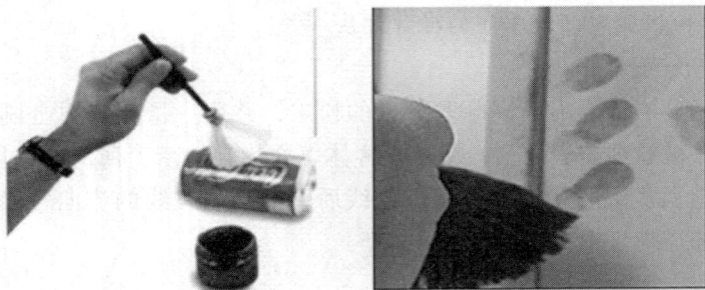

图 4-6　直接刷显法

3. 抖显法

对于纸张或较小客体上的汗潜手印，可用毛刷蘸取粉末撒落在客体表面上或直接将少量的粉末倒于客体表面上，然后轻轻抖动物体，使粉末滑过疑有手印的部位而显出手印（见图 4-7）。抖显完后将粉末回收于瓶中。用抖显法显出的手印，千万不要用毛刷去修理。

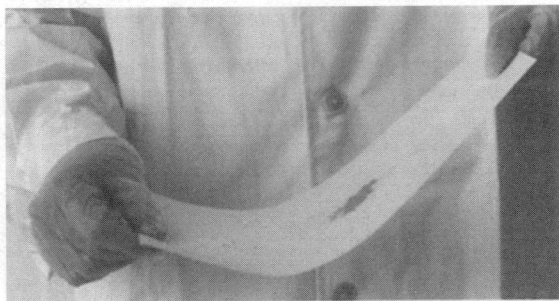

图 4-7　抖显法

4. 喷粉刷显法

将粉末装于带有喷枪的毛刷（见图 4-8）内，使喷嘴以 45°角左右对准被显客体表面，用手挤压皮球，靠空气的压力使粉末喷出，待被显客体表面落上薄薄的一层粉末后，再用毛刷刷去多余的粉末，待出现纹线后，顺着纹线的流向轻刷至纹线清晰为止。

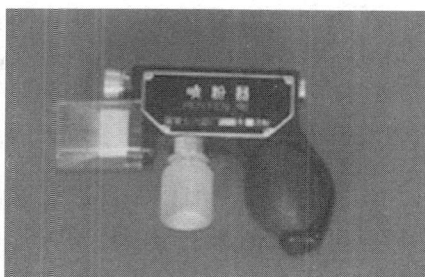

图 4 - 8　喷粉器

5. 磁性刷刷显法

用磁性刷吸取磁性粉末，使之形成一毛笔状"粉穗"，用其尖部轻刷于客体表面，便可显出手印。用"粉穗"刷平后，可重新吸粉再刷。若残留于客体表面上的粉末较多时，可用干净的磁性刷反复吸附回收于瓶内。用磁性刷显出的手印，千万不要压毛刷去修理。（见图 4 - 9）

使永磁钢下降，吸住磁粉，形成穗状　　　用穗状磁粉轻轻在物面上刷动

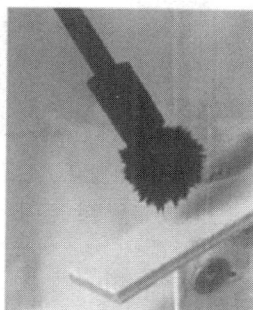

图 4 - 9　磁性刷刷显法

（三）固定与提取

1. 实物提取法

在侦查实践中，对于体积较小或可分离的物体，在条件容许的情况下，征得有关方面的同意，办理相关的手续之后，可以直接提取带有手印的物体。

实施实物提取法之前，必须首先进行拍照、测量定位，然后进行包装固定。但对于较小的客体，可用胶带逐个将其粘贴固定到一个较大的容器内，以防止碰撞、摩擦而破坏手印；对于较大的客体，可将大于手印的半开容器

扣到手印上，再用胶带将小容器四周固定好，以防止搬运过程中由于手的接触而破坏手印；对于粉尘手印，最好先喷上透明漆后，再行提取。

2. 照相法

照相法既是固定现场手印的一种方法，也是提取现场手印的一种方法（见图4－10）。照相时，要求加接圈、加比例尺进行原物放大照相；要确保手印清晰、完整、不变形；要分别拍出手印的特写照片、中距照片及概貌照片；可根据具体情况采用打侧光直接照相、直接扩大照相、分色照相、偏振光照相、红外线照相及紫外线照相等方法，最大限度地提高手印纹线的反差。

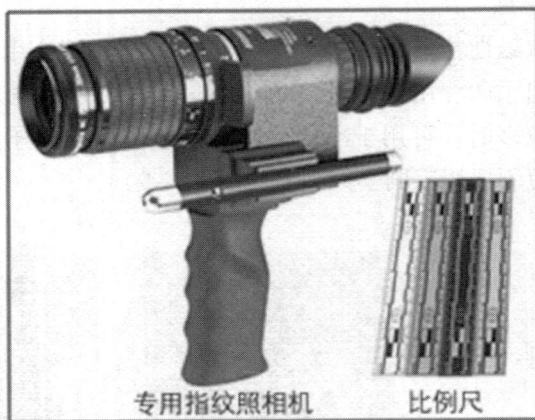

图4－10　专用指纹照相机

3. 胶带粘取法

把透明胶带拉开一头，粘在手印边缘，用拇指轻轻向前推压，使胶带与手印物面充分接触，压平、压实，不能起皱和留有气泡（见图4－11）。贴牢后小心地揭下贴在反差较大的衬纸上（也可贴在玻璃、塑料薄膜、赛璐珞软片等透明物体上，直接扩印或放大成照片），并在背面写上案由、时间、编号、提取部位及手印在客体上的位置关系，以备检验分析之用。

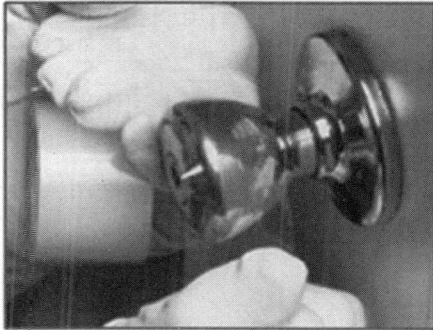

图 4 – 11　胶带粘取法

4. 制作立体模型法

对于立体手印，拍照后，还应用制作立体模型的方法提取。制作立体模型，目前常用石膏液来灌制。具体做法是：先用泥土、石膏粉、玻璃腻子、橡皮泥等围成 1～2 厘米高的围墙；然后将适量石膏粉徐徐撒入水中，不断搅拌调和成稀糊状；再从边缘轻轻倒入石膏液；待 30 分钟后石膏凝固，取出模型用水轻轻冲洗（切不可用手擦、搓，以免破坏纹线）即可。有时为了观察和拍照的方便，也可将模型染上一些浅颜色。

5. 静电吸附法

对于灰尘手印，拍照后，还可用静电吸附法提取。具体做法是：将镀膜塑料布铺在有灰尘手印的部位上，用静电发生仪在镀膜塑料布上接触，通电即可吸附手印。有时第一次未提取下来，可加大电压再进行提取。

用静电吸附法提取的灰尘手印，应用灰尘痕迹固定剂进行固定，便于较长时间保存。

（四）注意事项

第一，刷显前应注意观察客体表面的干湿度及手印是否有油质，以便选用合适的粉末。

第二，应注意保持粉末、毛刷的清洁和干燥，所选用的粉末一定要干而细；有潮湿起团现象的，可通过烘烤等方法烤干后使用。

第三，撒粉要适量、均匀，并选用与被显现客体颜色反差大的粉末，使用粉末前一定要先考虑该粉末的性能和适用的客体。

第四，显现方法要恰当，该刷的刷、该抖的抖；用磁性刷刷显时，应始终用"粉穗"在客体表面上刷动，严禁用刷头接触客体表面而损坏手印。若"粉穗"很少时，可重新吸粉形成"粉穗"。

第五，处于低温环境下的客体，粉显时会因冷热相遇而产生潮气，所以，应将该类客体暖化干燥后，再用粉末染色显现。

第六，用胶带粘取法提取手印时，应慢慢推压，防止胶带起折或有气泡形成而影响手印的显现效果。

六、实训作业

1. 选用五种粉末，用不同的显现方法分别在不同的客体上显现汗潜手印，用胶带提取后粘于作业纸上，注明显现客体、所用粉末、显现方法等。

2. 写出实训报告。

熏染法显现手印

一、实训教学目标

1. 能识记熏染法显现汗潜手印的机理及几种常用熏染材料的性能及适用的客体范围。

2. 能规范操作碘熏、烟熏以及"502"胶显现汗潜手印。

3. 能对熏染法显现的手印进行固定和提取。

二、实训课时：2课时。

三、实训内容

（1）碘熏法显现几种客体上的手印。

（2）烟熏法显现几种客体上的手印。

（3）"502"胶熏显几种客体上的手印。

四、实训设备及器材

（1）用具：包括烧杯、酒精灯、三脚架、石棉网、小瓷盘、玻璃片、喷碘器、指纹刷、白炽灯、透明胶带、各色衬纸等。

（2）药剂：包括碘、松香烛、煤油灯、"502"黏合剂、"502"熏显箱、脱脂棉等。

（3）客体：包括玻璃、陶瓷、搪瓷、胶木、油漆物面、本色木、竹制品、塑料制品、电镀制品、白灰墙、各种纸张等。

五、实训步骤与方法

（一）碘熏法

1. 碘的性质和适用客体

碘是卤族元素之一，是灰黑色有金属光泽的结晶体，有毒、有强烈的挥发性和腐蚀性，常温下可升华，其气雾为紫色，适用于显现纸张、塑料、竹器、白灰墙、本色木、复写纸等非金属客体表面上新鲜或较陈旧的手印。

2. 操作方法

（1）冷熏法。冷熏法是利用碘在常温下自然升华的性质，不加热即可显现手印的方法。熏显时，可根据被显客体的大小和数量，选择适当的熏显器皿。操作时，把碘散放于器皿底部，并将被显客体悬挂在器皿内，然后将器皿盖盖好（尽量封闭）。碘慢慢升华，潜在手印吸附碘蒸气后就可显出有色手印。一般室温的高低决定熏显速度。（见图5－1）

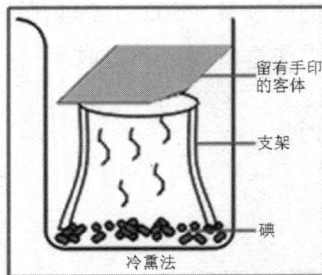

图5－1　冷熏法

（2）热熏法。热熏法是利用加热的方法，使碘迅速升华蒸发成气体而显出手印的方法。

第一，直接熏染法。把适量碘放入烧杯内，置于三脚架的石棉网上，用酒精灯加热至产生碘的紫色蒸气，将留有手印的物体直接置于烧杯口碘蒸气上方，慢慢移动被熏染的部位，使之均匀地吸附碘气分子，并不断观察，待手印清晰地显出即可（见图5－2）。显现后应及时将容器盖好，以防大量有毒气体外逸。

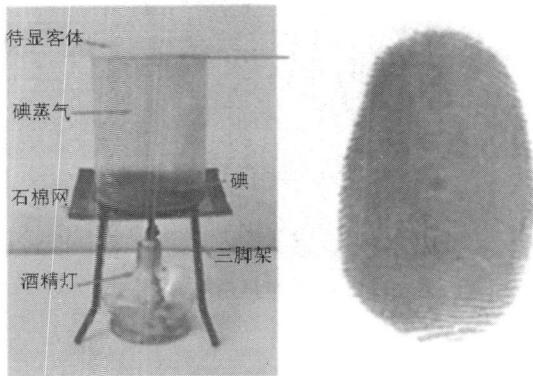

图 5 - 2　直接熏染法

第二，间接熏染法。用一玻璃片盖住烧杯口，使碘气直接熏染玻璃片，待玻璃片上均匀地附上一层碘时，将其拿下覆盖于怀疑留有手印的物体上，按压几秒后即可显出手印。（见图 5 - 3）

图 5 - 3　热熏法

（3）喷显法。喷显法是利用专用喷碘器对手印进行喷碘熏染的显现方法。操作时，将适量碘放入玻璃管球部，一手握住玻璃球部，借助手温加速碘的蒸发，另用嘴吹塑料管口的一端，使碘蒸气随着气流喷出塑料管口并对着怀疑留有手印的部位，待其吸附碘气分子后而显出手印。（见图 5 - 4）

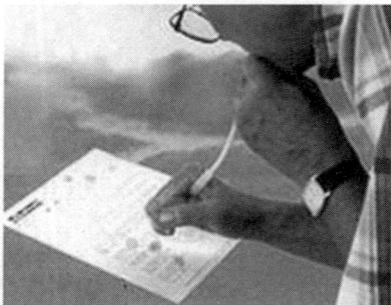

图 5－4　喷显法

3. 注意事项

（1）熏染时取碘要适量，应尽量避免碘蒸气外逸，及时盖住烧杯口，防止碘蒸气进入呼吸道。

（2）碘熏染时，被显客体只能接触碘蒸气，不能接触碘，以免污染客体，破坏了手印。

（3）碘熏染完毕后，应把剩余的碘及时回收于瓶中，严禁随地抛撒，并及时打开门窗进行通风。

（二）烟熏法

1. 烟熏材料的性质和适用范围

（1）松香烛。用一棉线绳浸入溶化的松香液中，取出干固后即可使用。松香为淡黄色脆性半透明块状物，易燃，产生黑色浓烟，烟子较细，附着力强，适用于显现玻璃、陶瓷、搪瓷、胶木、油漆物面、塑料制品、金属制品及竹器、纸张等光滑客体表面上的新鲜汗潜手印。

（2）樟脑粉。樟脑粉为一种白色结晶体，有特殊气味和辛辣味，常温下易升华，易燃。其粉状或细小块状结晶可以直接点燃，产生黑色浓烟，烟子较细，附着力强，适用客体与松香烛相同。

（3）煤油灯。煤油是从石油中提炼出的一种产品，无色透明，易燃，产生黑色浓烟，但烟子较粗，附着力一般。煤油灯适用客体与松香烛相同。

（4）专用蜡烛。专用蜡烛由樟脑（5g）、松香（90g）、硫黄（5g）或白蜡（5g）等混合制成。其特点是综合了松香、樟脑能产生大量烟子的优点，又克服了樟脑、松香易碎的缺点，且携带方便。适用客体与松香烛相同。

2. 操作方法

操作时，将某种烟熏物质点燃，把被显客体置于烟雾最集中处，并不断缓缓移动被熏染部位，使烟子熏满整个客体表面，待冷却后用毛刷刷去多余的烟子，直至纹线清晰为止。但应注意烟熏不要过久，烟子不要太厚；被显客体不要离火苗太近，以免烧坏物证（见图5－5）。

烟熏法显现汗潜手印是一种比较实用的方法。凡是粉末法适用的客体，烟熏法均可适用。而且汗潜手印在纸张上显现，其效果也不错，这是粉末法所不及的。烟子是一种很细微且大小均匀的粉末颗粒，其附着力很强；在熏染过程中，汗垢本身也受热加温，使烟子与汗垢融为一体，纹线显得更加连贯清晰；对较陈旧的汗潜手印、用普通粉末法不能清晰显现的手印，也可用烟熏法取得较好的效果。而且该方法取材容易，操作简便。

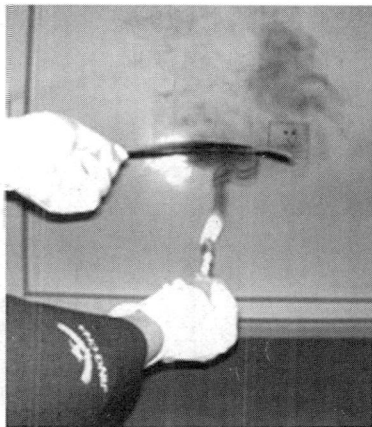

图5－5　烟熏法

3. 注意事项

（1）烟熏显现时，松香绳要细，樟脑粉要少放，烟量不能过大，小面积熏显，以免污染环境。

（2）烟熏时，被显客体要置于火焰上方，防止烧坏客体。烟熏完后，冷却放置片刻后方可用毛刷轻轻刷显。

（三）"502"胶熏显法

1."502"胶的性质和适用客体

"502"胶是一种无色较透明状液体，其主要成分为 α－氰基丙烯酸乙酯，在常温下具有强烈的挥发性并具有刺激性气味，适用于显现玻璃、瓷器、胶木；金属、橡胶、皮革、塑料制品、风化油漆制品以及尼龙绸等非渗透性客体上的汗潜手印。

2.操作方法

（1）自然熏显法。将怀疑留有手印的物体悬挂在玻璃干燥器或其他熏显器（用铝丝支起的塑料袋内也可）的支架上（见图5－6），但物体之间不能贴在一起，物体也不能贴在容器上。然后将"502"胶均匀地滴在容器底部的铝箔上并封好口，根据容器的体积，每次滴上5~20滴，每隔3~5个小时滴一次（也可将"502"胶的瓶口打开，直接放人容器底部，让其在常温下自然挥发熏显）。显现时间取决于客体及汗液的多少、季节情况以及温度的高低、湿度的大小，一般需要几个小时或1~3天时间的熏显，即可显出白色或暗色纹线的手印。

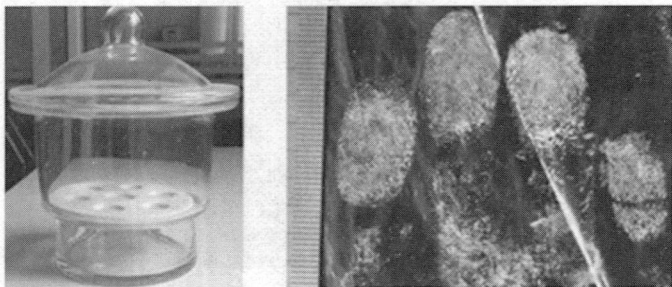

图5－6 自然熏显法

（2）加热熏显法。将被显客体挂在容器周围，把适量"502"胶滴入熏显箱的电热槽内（底部有电热丝供热），然后将容器密闭接通电源，使电热槽内的"502"胶受热挥发冒白烟，待半小时至1小时后，切断电源，手印即可显出。也可用专用熏显柜进行熏显。（见图5－7）

"502"熏显箱

图 5 – 7　"502"胶熏显柜

（3）强碱催化熏显法。先将脱脂棉在 3% 左右的氢氧化钾中浸泡，取出后挤掉多余的溶液，拉成 3cm×4cm 的小块晾干备用。显现时，在容器内挂好被显客体，并在容器底部放入用强碱处理过的棉片，四周密封，然后将几十滴 "502" 胶缓缓滴在棉片上（ "502" 胶在强碱催化作用下迅速聚合发出大量的热而挥发，达到加速显现的目的），5 秒内即产生白烟，3 ~ 5 分钟便开始出现手印纹线，半个小时至 1 小时后，手印纹线即变得清晰（见图 5 – 8）。

图 5 - 8　强碱催化熏显现法

（4）滤纸贴附熏显法。将"502"胶原液或稀释液（按 1:1 - 1:1.5 配成"502"胶乙醚溶液），均匀地涂在快速定性的滤纸上，待其干至不粘手时，贴附于被显部位上，用手轻压加温，使其均匀接触，约 1 分钟后取下滤纸，即可观察到手印。如尚未熏显好，可继续熏显。（见图 5 - 9）

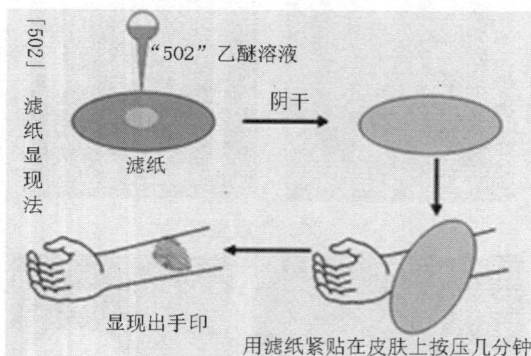

将超级胶均匀地涂在高速定性滤纸上

待滤纸自然晾干至无液体堆积反光

将滤纸覆盖在遗有手印的部位

超级胶贴现法玻璃杯上显出的汗潜手印

图 5 - 9　滤纸贴附熏显法

3. 注意事项

"502"胶汗潜手印的显现效果，取决于手印的化学成分、新旧程度和显现条件。在显现条件中，湿度因素对"502"胶显现效果影响最大。"502"胶显现的最佳湿度是80％。许多在干燥环境（10％～50％相对湿度）条件下显现不出来的汗潜手印，有可能在80％湿度条件下显现出来。室内空气湿度随地区、季节和气候等条件变化，多数情况下室内湿度达不到80％，一般在10％～50％之间。因此，有必要对"502"胶显现的环境湿度加以调节，将相对湿度增加到80％，以达到最佳显现效果。

六、实训作业

（1）用不同显现方法在玻璃、陶瓷、搪瓷、塑料、油漆物面、金属、纸张、白灰墙等客体上显现汗潜手印，固定后用胶带提取，然后粘于作业纸上，并写明是在何客体上、用何种材料、用何种方法显现的。

（2）细心观察在白灰墙、竹器、本色木、复写纸等客体上的碘熏效果。

化学法显现手印

一、实训教学目标

1. 能识记化学法显现汗潜手印的具体内容、机理及适用的客体范围。

2. 能配制硝酸银、茚三酮、DFO 溶液显现手印溶液。

3. 能使用硝酸银、茚三酮、DFO 溶液显现不同纸张上的手印。

4. 能使用照相机对化学法显现的手印进行固定提取。

二、实训课时：2 课时。

三、实训内容

（1）硝酸银溶液显现不同纸张、本色木上的手印。

（2）茚三酮溶液显现不同纸张上的手印。

（3）DFO 溶液显现不同客体上的手印。

四、实训设备及器材

（1）试剂。包括硝酸银、茚三酮、DFO、丙酮、无水乙醇、甲醇、冰乙酸、三氯三氟乙烷、石油醚、蒸馏水等。

（2）仪器。包括多波段光源、蓝光灯、紫外线灯、滤色镜、白炽灯等。

（3）器皿。包括烧杯、酒精灯、三脚架、石棉网、棕色广口瓶、量杯、天平、镊子、小药勺、试管、试管刷、剪刀、胶水、透明胶带、黑衬纸、白衬纸、脱脂棉等。

（4）各类客体。包括各种纸张、本色木（可用刨花代替）、牛皮纸等。

（5）其他用具。包括供洗手用的脸盆、毛巾、肥皂等。

五、实训步骤与方法

（一）硝酸银溶液显现法

1. 硝酸银的性质和适用客体

硝酸银（$AgNO_3$）是一种无色透明的菱形片状结晶体，遇光则变为灰黑色，故需装在棕褐色玻璃瓶内保存，腐蚀性很强，有毒，能溶于水、乙醇、氨水、甘油、醋酸丁酯，微溶于乙醚。适用于显现各种浅色纸张、单色纸张、较新本色木上的汗潜手印，也能显现票券、牛皮纸、粗糙纸、竹制品上的汗潜手印，但效果较差。由于酒精挥发较快，硝酸银的酒精溶液还能显现油光蜡纸上的手印，但酒精也能溶解纸上的字迹和颜色，显出的手印易出现褪色和扩散等现象，同时，对含胶较多的优质白纸上汗潜手印的显现，效果较差。

2. 操作方法

（1）配制各种溶液。将硝酸银 1～5g 倒入 100ml 的蒸馏水中，或将硝酸银 1～3g 倒入 100ml 的无水乙醇中，用玻璃搅棒徐徐搅动至完全溶解，即配成硝酸银水溶液或硝酸银酒精溶液（见图 6－1）。以上两种配方，可根据地区、季节、气温、手印的新旧程度等灵活掌握。实践证明，硝酸银酒精溶液比硝酸银水溶液的显现效果要好。

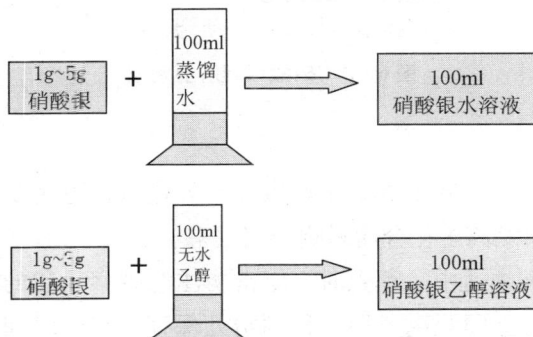

图 6－1　硝酸银溶液配制图

（2）操作方法（见图 6 – 2）

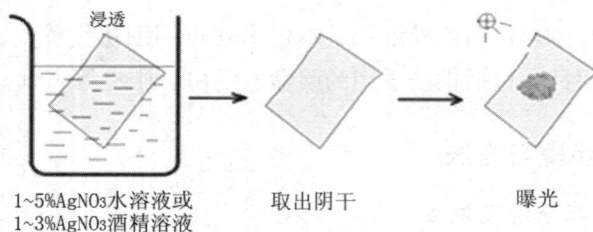

浸透

1~5%AgNO₃水溶液或　　　取出阴干　　　曝光
1~3%AgNO₃酒精溶液

图 6 – 2　硝酸银显现法

　　用软毛刷或镊子夹一脱脂棉球吸入硝酸银溶液，轻轻而均匀地涂在被显客体部位上，或将被显客体直接浸入硝酸银溶液中，或将配制好的溶液装入喷雾器内，将喷嘴对准被显客体，使溶液均匀地喷到被显客体表面（见图 6 – 3）。取出阴干后置于阳光（或 100W ~ 200W 白炽灯）下进行曝光，并注意密切观察手印纹线的变色情况，一旦纹线清晰呈适中的棕褐色，即应放在袋内避光保存，以免显现过度。阴干后的被显手印，如置于紫外线灯下照射 20 ~ 30 秒，也可获得同样效果。

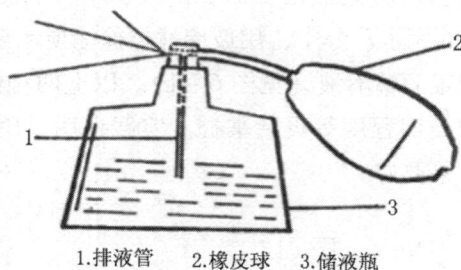

1.排液管　2.橡皮球　3.储液瓶
图 6 – 3　硝酸银溶解显现法

3. 注意事项

（1）涂显、浸显、晾干等工作均应在暗处进行，避免受光的作用，使游离状态的银离子、氯离子化合而影响显现效果。

（2）曝光时间须适中。曝光时，应密切注意观察手印的色调变化，待手印纹线完全清晰时立即脱离光照，移到暗处保存。曝光时间过短，纹线得不到完全反应；曝光时间过长，纹线过黑，也影响纹线的清晰度。

（3）硝酸银溶液应装入棕色瓶内，塞紧瓶塞，并注明名称、溶度和日期，置于阴暗处保存。若是较陈旧的溶液，使用前应先进行试验，失效时应弃之不用。

（二）茚三酮溶液显现法

1. 茚三酮的性质和适用客体

茚三酮（$C_9H_4O_3 \cdot H_2O$）音译为宁西特林，又称水合茚三酮，为白色结晶粉末（见图6-4），有毒，能溶于水及碱中，也能溶于乙醚、丙酮、乙醇、石油醚等有机溶剂中。对鼻腔和呼吸道有刺激性，内服会引起中毒。适用于显现各种纸张、票券、本色木、牛皮纸及浅色棉纺织品上的新鲜或陈旧汗潜手印。茚三酮丙酮溶液不适用于显现油脂、胶质、塑料、油漆等客体表面上的汗潜手印，因为丙酮能溶解这些物质。对于有圆珠笔字迹和某些墨水字迹的文书、证件等客体表面上的手印，宜用茚三酮乙醚溶液显现。

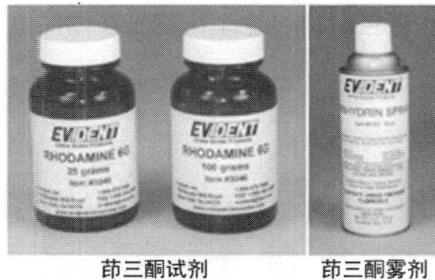

茚三酮试剂　　　　茚三酮雾剂

图6-4

2. 操作方法

（1）配制各种溶液。①茚三酮丙酮溶液。将茚三酮5～10g倒入500ml的丙酮溶液中，用玻璃棒徐徐搅动至完全溶解，即配成茚三酮丙酮溶液。（见图6-5）

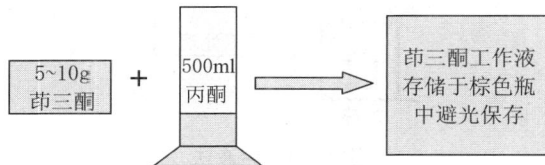

图6-5　茚三酮溶液配制图

②茚三酮酒精溶液。将茚三酮 1～5g 倒入 100ml 的无水乙醇中，用玻璃棒徐徐搅动至完全溶解，即配成茚三酮酒精溶液。

③茚三酮丙酮石油醚溶液。取茚三酮 2～4g、丙酮 65ml、石油醚 35ml，先将茚三酮倒入丙酮溶液中至完全溶解，然后加入石油醚，用玻璃搅棒搅动至充分溶解，即配成茚三酮丙酮石油醚溶液。

以上溶液的浓度可根据本地区的气温、手印遗留时间、湿度、被显客体的条件而定，如气温高、湿度大，浓度可低些，一般用 1%～2%；气温低、湿度小，浓度可高些，一般用 3%～4%；夏季浓度可低些，冬季浓度可高些；新鲜手印，浓度可低些；陈旧手印及粗糙纸张（牛皮纸、纸币等）、本色木上的手印，浓度可高些。实践证明，茚三酮丙酮溶液比茚三酮酒精溶液的显现效果要好。

（2）操作方法。茚三酮显现汗潜手印有涂液法、浸泡法和喷雾法三种。

①涂液法。对于手印部位比较明确的客体，可用软毛刷或镊子夹一脱脂棉球吸入茚三酮溶液，轻轻而均匀地涂在被显客体部位上，让其自然挥发后即显出手印。（见图 6－6）

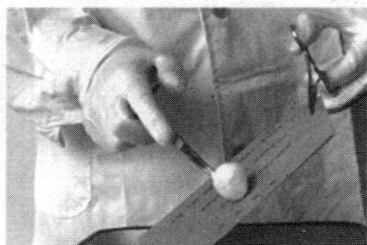

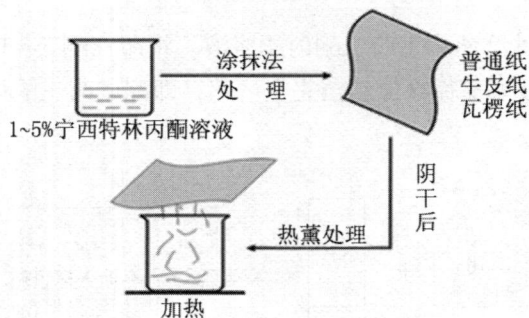

图 6－6　涂液法

②浸泡法。对于较小客体，可将被显客体直接浸入茚三酮溶液中，1分钟后取出，置于室温下待其慢慢显出手印纹线。

③喷雾法。将配制好的溶液装入喷雾器内，将喷嘴对准被显客体，使溶液均匀地喷到被显客体表面，置于室温下待其慢慢显出手印纹线。（见图6-7）

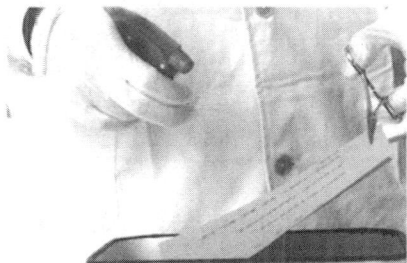

图6-7　茚三酮喷雾法显现手印

常温下，一般1~2个小时才能显出淡紫色手印纹线，随着时间的延长，颜色逐渐加深，4~6个小时（有的甚至2~3天）才能全部显出。（见图6-8）

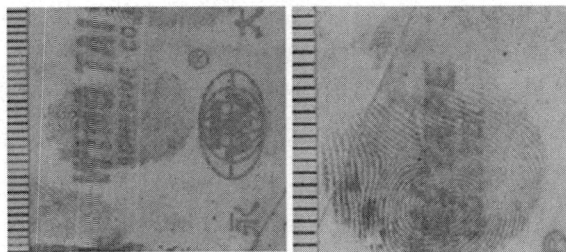

图6-8　茚三酮显现手印效果

如果工作急需，用加热法可加速显现。具体做法是：将涂液挥发后的客体置于温度在80℃~100℃、湿度在70%~80%的烘箱内烘烤20~30分钟，或置于100W白炽灯光下烤20~30分钟，或用电熨斗（须在被显物上垫一两张白纸）熨烫10~20秒，或用热吹风机、热水搪瓷杯等进行加热。

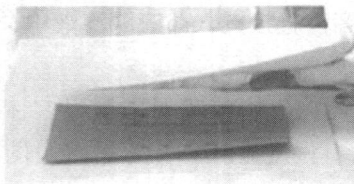

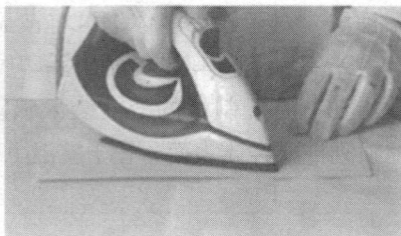

检材上下衬垫洁净纸张　　　　　用蒸汽熨斗对茚三酮处理过的
检材进行加热、加湿

图 6 - 9　电熨斗熨烫法

3. 注意事项

（1）涂抹溶液时应用点滴的方法，动作要轻，避免用力涂擦物体表面而损坏手印。

（2）涂抹溶液要均匀，避免厚薄不均引起着色不一，甚至形成块状斑迹。

（3）需要加速显现时，加热的时间不要太长，温度不宜过高，否则容易损坏客体，或使客体表面普遍着色，影响显现质量。

（4）油质、塑料、油漆、颜料等物面上的手印，不能用茚三酮丙酮溶液显现，因为这些物质均能溶解在丙酮里。潮湿物面也忌用此液，因为潮湿物体的水分容易引起试液渗散，影响甚至破坏手印。

（5）经加热加速显现出的手印，消失也快；即使在常温状态下自然显现出的手印，3~6个月后，颜色也会逐渐减退以至消失，应及时照相固定。

（6）尽量使用新配制的新鲜试液，如使用陈旧试液应事先做试验。

（7）应戴手套操作。

（三）DFO 溶液显现法

DFO 溶液显现法为显现渗透性客体上汗潜手印的首选方法。

1. 显现原理和适用客体

显现时，DFO 与汗液中的氨基酸产生反应，生成淡紫红色的化合物。在普通光线照射条件下，这些淡紫红色纹线非常微弱，但它们在蓝绿光照射下，可以显示出很强的橙红色可见荧光，使手印纹线与客体背景之间形成很大的荧光亮度反差。因此，可以用514.5nm氩离子激光器激发照射，以便观察或拍照。

DFO 溶液显现法是适用于显现纸张特别是渗透性纸张上的新鲜或陈旧汗

潜手印的高灵敏度方法。

DFO 溶液显现法和茚三酮溶液显现法所适用的客体相似，但 DFO 溶液显现法比茚三酮溶液显现法灵敏度更高，其显现成功率是茚三酮溶液显现法的 2～5 倍。DFO 溶液显现法能够显现出许多用茚三酮溶液显现法无法显现出来的汗潜手印，对于普通白纸上的汗潜手印，其显现成功率可达 80% 以上，这是其他手印显现方法难以达到的，因此，DFO 溶液显现法在实际办案工作中有着不可替代的作用。

2. 配制方法

配方一：

DFO	0.4g
甲醇	40ml
冰乙酸	20ml
三氯三氟乙烷	940ml

配方二：

DFO	0.4g
甲醇	40ml
冰乙醇	20ml
石油醚	940ml

（1）将 40ml 甲醇和 20ml 冰乙酸混合后加入 0.4gDFO，搅拌溶解制成 60ml DFO 储存液。再将 60ml 储存液加入 940ml 三氯三氟乙烷中，制成 1000ml DFO 工作液。

（2）也可用石油醚代替三氯三氟乙烷。将 60mlDFO 储存液加入 940ml 石油醚中，制成 1000mlDFO 工作液。

3. 操作方法

（1）在通风柜中先将适量的 DFO 工作液倒入搪瓷盘内，把被显客体浸入 DFO 工作液约 10 秒，取出风干一两分钟。

（2）将其再次浸入 DFO 工作液中约 10 秒后取出风干。

（3）最后将被显客体放入烘箱，在 80℃温度下加热 20 分钟（不需要加湿）。在氩离子激光 514nm 蓝光（或 510～560nm 范围的蓝绿光）激发照射下，通过 550nm 滤光镜（或 570～650nm 区域内的滤光镜）观察，橙红色荧光手印便清晰可见。此时，进行照相固定。

（4）使用DFO熏显柜显现时，将检材在DFO溶液中浸泡后，把检材放在DFO熏显柜的样品架上，设定显现时间，按启动开关，显现过程开始，柜内温度被自动设定在100℃，使用者可透过透明的玻璃门观察显现效果，并可随时按动"停止"键终止显现。（见图6-10）

图6-10　DFO熏显柜

4. 注意事项

（1）用DFO溶液显现法显现手印效果不理想时，可用茚三酮溶液显现法再次显现。两种方法相互补充，互不干扰，可提高显现效果。

（2）如果纹线染色较淡时，可延长显现时间或增加药量。

（3）如果纹线染色较浓时，可在被显客体干燥后多次用胶带轻轻均匀粘取。

六、实训作业

1. 用不同显现方法在玻璃、陶瓷、搪瓷、塑料、漆面、金属、纸张、本色木等客体上显现汗潜手印，用胶带提取后粘于作业纸上，并写明是在何客体上、用何种材料、用何种方法显现的。

2. 细心观察用DFO溶液、饱和银氨溶液显现后的手印在紫外线灯、蓝绿光灯、多波段光源照射下的荧光效果。

実训项目七
现场手印的分析

一、实训教学目标

1. 能识记现场手印分析的主要内容。

2. 能对现场手印进行分析、判断，区分手指印痕和手掌印痕，区分左右手痕迹和不同指位痕迹。

二、实训课时：2 课时。

三、实训内容

1. 分析、确定手指印痕和手掌印痕。

2. 分析、确定左右手印痕。

3. 区分各手指印痕。

4. 区分手掌不同区域痕迹。

四、实训设备及器材

体视显微镜，直尺，放大镜，手指、手掌各部位的不完整印痕（包括指头印、指节印、手掌不同区域的印痕等）样本，全手平面捺印样本，作业纸，草稿纸。

五、实训步骤与方法

（一）分析判断手指印痕和手掌印痕

在指印、掌印留痕完整的情况下，二者容易区分。当掌印留痕面积较小，或指印出现重叠、模糊等现象时，二者容易混淆，此时，应从以下几方面注意观察区别：

1. 手印所在位置、方向与其它痕迹关系

根据手印所在位置、方向，手印与其他痕迹关系以及手印的载体和周围环境的关系，来判断手印遗留时的具体动作（推、扶、抱、提、握、挟持、拿取等），从而区分手指印痕和手掌印痕。

2. 根据手印面积和形状判断

面积：指头、指节面积小，手掌面积大，纹线长。

形状：指头呈圆、半圆、椭圆；指节呈方、长方形；手掌形状不定、不规则、长圆柱、长条形。

3. 根据乳突纹线粗细、弯曲度进行判断

成年人乳突纹线每厘米长内线数：

指头乳突纹线较细，密度约在 20~24 条/厘米，纹线弯曲度大。

指节乳突纹线密度约在 16~20 条/厘米，纹线多平直、倾斜。

手掌纹线较粗，密度约在 14~20 条/厘米，弯曲度小。

4. 根据乳突花纹的结构进行判断

（1）箕型纹的区别

指头箕：面积小、弧度大、箕头圆、箕枝圆滑流畅、三角位于箕形线弧凸一侧。

手掌箕：面积大、纹线粗、部位不同、各有特点。

指根箕：较小、箕枝平直、箕头呈尖圆、箕头顶端一侧出现三角。

内外侧箕：面积较大、箕头呈方形、圆形和汤匙形，箕头上方梯形线或对顶小箕三角多位于顶端或箕头两侧，有的无三角。

（2）斗型纹的区别

指头斗：中心花纹小而圆，两侧有完整三角。

手掌斗：中心花纹大，呈圆形或方形，三角较远且对角分布，有时只一侧有三角。

（3）三角的区别（有时现场只出现三角而无中心花纹）

指纹三角：面积小，比较规则，三边互有区别，内边弯曲度大，呈圆弧形，下边横直或向上弯曲，外边坡度大向里弯曲倾斜线。

掌部三角：面积大，不太规则，三边形态相似，不易区分，或一边由直线组成。

5. 根据屈肌褶纹和皱纹进行判断

褶纹：指节褶纹短小，很少有分枝，形态平坦，几条纹线并列。

掌褶纹粗大而长，主干上有小分枝。

皱纹：指皱纹较短小，指头多出现在两侧，指节多为纵向平行。

掌皱纹粗大而长，有横、竖或倾斜，或交织呈网格状。

（二）分析、确定左右手印痕

1. 分析手印的指尖朝向和手指间的排列关系

若印痕中出现一次动作形成的两个以上的手指痕迹，常需将手印的指尖朝向和手指间的排列关系（次序关系、高低长短关系、对应关系）结合进行综合分析。次序关系是指一手五指间的正常顺序关系，即拇指、食指、中指、环指、小指的排列次序；高低长短关系是指多数人一手五指在自然伸直状态下的相对长短关系，即中指最高（长），环指第二，食指第三，小指第四，拇指第五；对应关系是指在捏拿物体时，拇指与其余四指始终处于相对握物的位置关系。

（1）若出现图 7-1 所示的三指印痕，则按次序关系将最高（长）指定为中指，次高（长）指定为环指，第三高（长）指定为小指，从而判断分别为左右手印痕；若出现图 7-2 所示的四指或三指并列印痕，一般将最高（长）指定为中指，次高（长）指定为环指，第三高（长）指定为食指，最低（短）指定为小指，结合次序关系即可判断分别为左右手印痕。

左手所留　　　　　右手所留

图 7-1

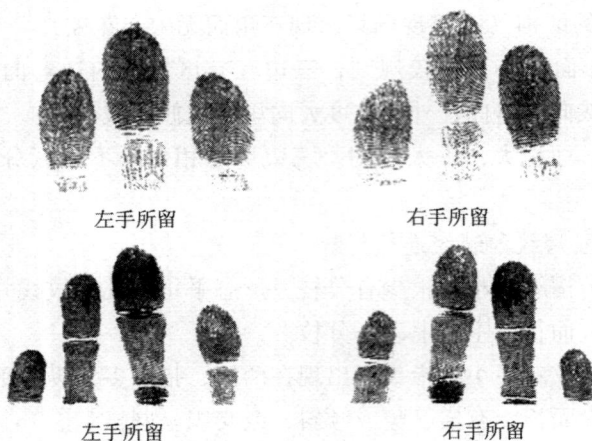

左手所留 　　　　　　　　右手所留

左手所留 　　　　　　　　右手所留

图 7-2

　　图 7-1 和图 7-2 表现的是手指在自然伸直状态下的排列关系，若上述指印留在圆柱形等客体上，各指间的高低长短关系可能会发生变化，应视具体问题作具体分析，必要时需做实训验证。

　　（2）若出现如图 7-3 所示的二指痕迹，因其高低长短关系较明显（短指指尖在长指第一指节关节附近），可将高（长）指定为环指，低（短）指定为小指，结合次序关系即可判断分别为左右手印痕。

左手所留 　　　　　　　　右手所留

图 7-3

　　（3）若出现如图 7-4 所示的二指印痕，仅凭手指的排列关系往往无法确定具体指位及左右手印痕，还需根据其他方面进行综合分析。

左手所留　　　　　　　右手所留

图 7 - 4

（4）若拇指与其他几者印痕以对应关系出现在圆柱形等形状的客体上，应正对拇指印痕观察，拇指指尖朝右为左手所留，反之，为右手所留。（见图 7 - 5）

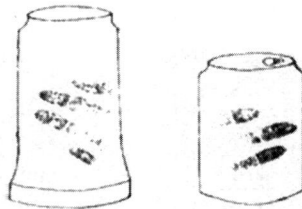

图 7 - 5

2. 分析手指、手掌面主要皮肤花纹的倾斜流向

（1）根据指头及指尖乳突纹线的倾斜流向判断左右手印痕。

第一，弓型纹。

弧形纹：左倾弧多为左手所留，右倾弧多为右手所留。（见图 7 - 6）

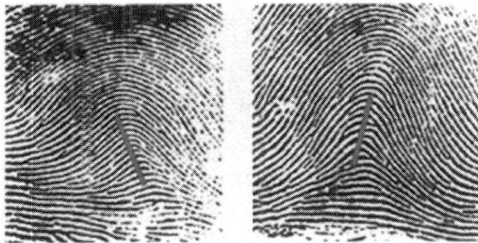

图 7 - 6

帐形纹：右倾帐多为左手所留，左倾帐多为右手所留。（见图 7 - 7）

图 7 - 7

第二，箕型纹。

无论是开口箕还是闭口箕，箕口朝左多为左手所留，箕口朝右多为右手所留。（见图 7 - 8）

图 7 - 8

第三，斗型纹。

环形斗：右倾环多为左手所留，左倾环多为右手所留（见图 7 - 9）。

图 7 - 9

囊形斗：囊口朝左多为左手所留，囊口朝右多为右手所留。（见图 7 - 10）

图 7 – 10

螺形斗、绞形斗、双箕斗和曲形斗：顺时针旋转多为左手所留，逆时针旋转多为右手所留。（见图 7 – 11）

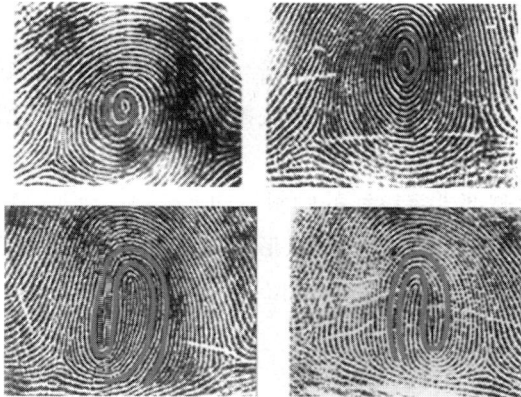

图 7 – 11

第四，指尖纹线。

中指、环指、小指三指指尖纹线一般较平直，无明显倾斜流向；但拇指和食指（特别是拇指）的指尖纹线却有明显的倾斜流向。印痕中，指尖纹线从右上方流向左下方的多为左手所留；反之，多为右手所留。根据指头及指尖乳突纹线的倾斜流向判断左右手印痕。

（2）根据指节乳突纹线的倾斜流向判断左右手印痕。

拇指第二指节：纹线从左上流向右下方者多为左手所留，纹线从右上方流向左下方者多为右手所留。

食指第三指节：纹线流向与拇指相同。

环指第三指节：纹线流向与拇指相反。

小指第二指节、第三指节：纹线流向与拇指相反。

（3）根据手掌乳突纹线的倾斜流向判断左右手印痕。

第一，手掌上部乳突纹线的倾斜流向。

食指、中指、环指三指指根部的弧形线常与来自该指两侧纹线构成三角状花纹，然后，这些纹线多数流向手掌外侧部或小指指根下侧。印痕中，纹线流向左下方者多为左手所留；反之，多为右手所留。

小指指根的位置明显比食指、中指、环指三指指根的位置低，其根部弧形线具有明显的倾斜流向。印痕中，纹线从右上方流向左下方者多为左手所留；反之，多为右手所留。

环指指根斜箕的箕口开于环、小指间，箕头斜向环指指根下侧。印痕中，箕头朝右多为左手所留；反之，多为右手所留。

环指、小指间倒箕的箕口开于环指、小指间，箕头在倾斜的小指指根弧形纹内侧。印痕中，指根弧形线在箕头左侧的多为左手所留；反之，多为右手所留。

第二，手掌内侧部乳突纹线的倾斜流向。

手掌内侧部多由凸向掌心的长弧形线组成，印痕中，其弧形线凸面向左的多为左手所留；反之，多为右手所留。（见图7－12）

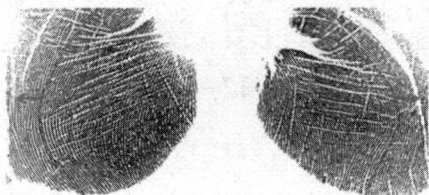

图7－12

第三，手掌外侧部纹线的倾斜流向。

手掌外侧部纹线从食指指根部及其两侧起源，经掌心斜行向下，纹线由少增多呈"扫帚状"，扩散到整个外侧部边缘。印痕中，纹线向左下方扩散的多为左手所留；反之，多为右手所留。（见图7－13）

图 7 – 13

（4）根据手掌屈肌褶纹的倾斜流向判断左右手印痕。

第一条屈肌褶纹的起端部位常有"八"字形的分叉结构，呈"＜＜＜"形或"＞＞＞"形。印痕中，"八"字形分叉开口朝左的多为左手所留；反之，多为右手所留。（见图 7 – 14）

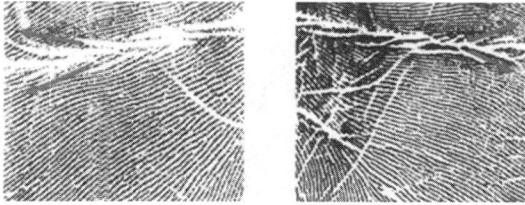

图 7 – 14

第二条屈肌褶纹、第三条屈肌褶纹常构成一定角度，向掌心方向展开。印痕中，两条屈肌褶纹向左展开的多为左手所留；反之，多为右手所留。（见图 7 – 15）

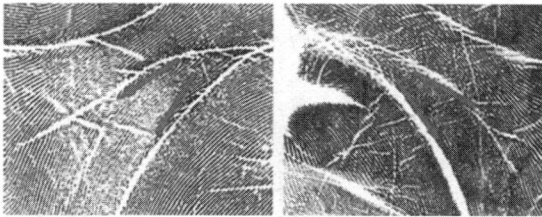

图 7 – 15

第三条屈肌褶纹的末梢终止于腕部三角的内侧。印痕中，第三条屈肌褶纹在腕部三角右侧的多为左手所留；反之，多为右手所留。（见图 7 – 15）

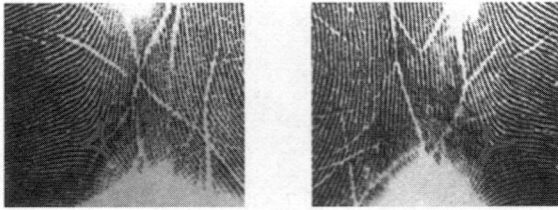

图 7 - 16

（5）根据手掌皱纹的倾斜流向判断左右手印痕。

手掌内侧部靠内斜边缘常出现网格形皱纹。印痕中，网格形皱纹在痕迹右侧的多为左手所留；反之，多为右手所留。手掌外侧部靠外边缘常有一组横向、短小的平行皱纹。印痕中，此皱纹在痕迹左侧的多为左手所留；反之，多为右手所留。

（三）区分各手指印痕

1. 根据各手指印痕的面积、形状及花纹结构判断

（1）拇指印痕。拇指正面留痕时，印痕呈上窄下圆中间宽的圆锥形结构，其上下长度和左右宽度均明显超过其余四指的印痕；花纹面积较大，中心花纹居中，三角和指尖部位纹线距花纹中心较远，三角部位往往反映不完整；纹线相对较粗（每厘米刻度内比其他指少 1 ~ 2 根），纹线总数较多；指尖纹线具有明显的倾斜流向。侧面留痕时，印痕反映为一边斜直一边圆弧的形状，花纹中心反映不完整或完全不反映。其中，内侧留痕时，纹线主要由部分指尖纹线、外围弓形线及部分根基线组成，有时能看到部分中心花纹，外围弓形线上端大多有向左或向右弯曲或倾斜现象；外侧留痕时，纹线组成基本与内侧相同，但指尖纹线多呈较长的斜直形，没有弯曲现象。（见图 7 - 17）

A. 拇指正面印痕　　　B. 拇指侧面印痕　　　C. 拇指侧面印痕

图 7 - 17

（2）食指印痕。食指的留痕面积和花纹面积均比拇指小，印痕呈上尖下

长圆的形状，纹线比拇指的纹线稍细。统计发现，多数人的食指指尖内侧均有上翘现象（女性较男性明显），故正面留痕时，印痕的指尖内侧往往不完整（有缺损），呈斜线状。（见图7－18）食指与拇指捏拿物体时也会留下内侧面印痕，外形呈长条形，花纹表现为中心以左或以右部分常出现三角部位。

A. 左手食指印痕　　　B. 左手食指印痕　　　C. 右手食指印痕

图 7－18

（3）中指印痕。留痕面积和花纹结构与食指基本相同，印痕呈长柱形，指尖前缘呈弧形。正面留痕时，能出现中心花纹和某侧三角，有时花纹中心上方会出现较多的纹线。（见图7－19）

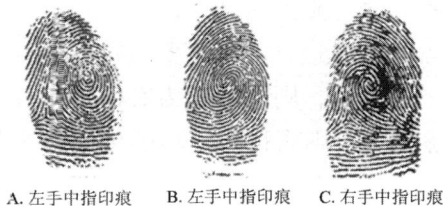

A. 左手中指印痕　　　B. 左手中指印痕　　　C. 右手中指印痕

图 7－19

（4）环指印痕。环指的留痕面积和花纹面积略小于中指的，印痕外形与中指的印痕外形基本相似，纹线稍细。正面留痕时，中心花纹面积稍小，三角靠中心较近，印痕中能看到中心花纹、三角和外围纹线。（见图7－20）

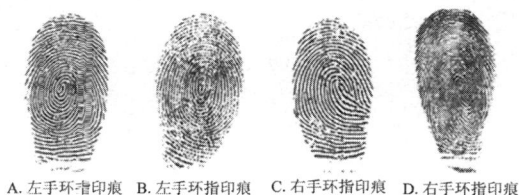

A. 左手环指印痕　B. 左手环指印痕　C. 右手环指印痕　D. 右手环指印痕

图 7－20

（5）小指印痕。小指的留痕面积和花纹面积在五指中最小，印痕呈上尖下长圆的形状，纹线细密（见图7-21）。实际留痕时，小指偏外侧留痕较多，故左手留痕时中心以左的纹线较多，右手留痕时中心以右的纹线较多。在现场中，小指印痕多与其他指印痕同时出现，小指很少单独留痕。

A. 左手小指印痕　　　　B. 右手小指印痕

图7-21

2. 根据斗型纹左三角追迹线终止位置判断

以斗型纹左三角的下部支流为追迹线，顺其流向向右侧三角追迹，若此追迹线在右三角外角点上方通过，则印痕多为左拇指、左环指所留；若此追迹线在右三角外角点下方通过，则印痕多为右拇指、右环指所留；若此追迹线在左右三角下部支流相遇，则右拇指印痕的出现率比左拇指高，右环指印痕出现率最高。（见图7-22）

图7-22

（四）区分手掌不同区域痕迹

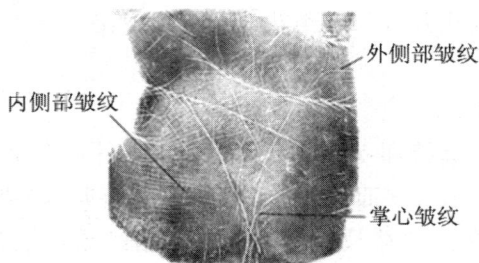

1. 手掌上部痕迹的特点

外形多呈横条形，印痕中能见到长短不一、方向各异的皱纹；多数会出现指根弧形线和倒三角花纹结构；有时在手掌上部会出现指间倒箕，指根斜箕，指根弓型纹，环指、小指间弓箕并列，小指指根横箕，小指指根斗型纹等。

2. 手掌内侧部痕迹的特点

外形呈菱形，纹线为流程较长的凸向掌心的弧形线，靠内斜边缘常有网格状皱纹，有时能出现第三条屈肌褶纹末梢部位的痕迹；有时会出现面积较大、呈方形或椭圆形的弓型纹、箕型纹、斗型纹等花纹；有时会出现"斑块纹"及"叶状纹"。

3. 手掌外侧部痕迹的特点

外形呈柱形，其中一侧边缘纹线断头较整齐，印痕中靠近此边缘处，常有一组横向、短小、基本平行的皱纹；此部位纹线一般从右上角（左上角）向左下角（右下角）由少增多呈"扫帚状"展开；印痕中部有时会出现第二条屈肌褶纹末梢部位的痕迹或第一条屈肌褶纹起端部位的痕迹；有时会出现面积较大的"汤勺状"外斜箕或内斜箕、上纵箕、下纵箕、外横箕、内横箕以及斗型纹等；有时还会出现"叶状纹"。

4. "虎口"部位痕迹的特点

一般在握持圆柱形客体或触摸客体边棱时会留下"虎口"部位痕迹。此痕迹外形不规则，能反映出较多的皱纹和呈放射状分布的乳突线，乳突线多有中断、模糊现象；能反映出第一条屈肌褶纹或第二条屈肌褶纹起端部位的痕迹；有时能反映出部分拇指或食指根部的纹线。

5. 腕部痕迹的特点

腕部痕迹多在手掌作支撑动作时留下，外形呈"蝶翅状"，能反映出内侧部和外侧部的部分纹线及腕部三角花纹；能反映出第三条屈肌褶纹末梢部位的痕迹。

6. 掌心痕迹的特点

掌心痕迹通常在握持和支撑等动作中留下，外形多呈倒三角形或不规则形，边缘多不整齐；皱纹多而杂乱；纹线呈斜直流向，多数不连贯、不清晰；有时能反映出第一条屈肌褶纹、第二条屈肌褶纹或第三条屈肌褶纹中部的印痕。

（三）注意事项

（1）判断手掌不同区域的印痕时，应首先确定印痕的指尖朝向。

（2）对手指印应判断出为何手的何指所留；对手掌印应判断出为何手的何部位（区域）所留。

（3）实际应用时，还应结合手印在现场的具体遗留情况进行综合分析。

六、实训作业

判断所给材料中手指痕迹是何手、何指或何部位所留，并说明理由。

实训项目八
指印细节特征标识

一、实训教学目标

1. 能识记乳突线细节特征的形态、结构、种类。

2. 能规范标识指印细节特征并对其命名。

二、实训课时：2 课时。

三、实训内容

1. 放大（3~5 倍）描绘指纹的纹线、花纹及细节特征。每人完成 2 枚（1 个箕、1 个斗）。

2. 标识、命名 15 个细节特征。

四、实训设备及器材

电脑（安装 Microsoft Office Publisher 和 Adobe Photoshop 图像处理软件）、体视显微镜、放大镜、马蹄镜、直尺、铅笔、红色笔、捺印手印样本等。

五、实训步骤与方法

（一）指印细节特征的识别

所谓细节特征，是指乳突纹线局部的细小结构和具体形态。其种类、形态、大小、方向、角度、构成数目以及分布关系等，是构成指纹人各不同的根本原因，是鉴定人身的重要依据。

1. 细节特征的基本种类

（1）起点。纹线的始端。即横线的左端、竖线的上端、圆弧线及旋转线的顺时针始端。起点又有形状、大小、方向等区别。

（2）终点。纹线的末端。即横线的右端、竖线的下端、圆弧线及旋转线的顺时针末端。终点亦有形状、大小、方向等区别。

（3）分歧。纹线由一条分叉为两条以上的结构。即纹线向左、向下、顺时针方向分叉的结构。分歧又有构成的数目（一分二、一分三等）、形态、方向和角度等区别。

（4）结合。纹线由两条以上汇结为一条的结构。即纹线向右、向下、顺时针方向汇合的结构。结合亦有构成的数目、形态、方向和角度等区别。

（5）小勾。纹线上分出一小枝杈所形成的形似"小勾"状结构。小勾有长短、方向、角度、形状等区别。

（6）小眼。纹线上分出的小枝杈又弯流返回到原纹线上所形成的形似"小眼睛"状的结构。小眼又有长短、形状和形式等区别。

（7）小桥。一条纹线上分出的小枝杈斜流汇入另一条相邻纹线所形成的斜搭"小桥"状的结构。小桥又有长短、形状方向和角度等区别。

（8）小棒。又称"短棒"。指介于1毫米至5毫米之间的纹线段。小棒又有长短、G菜状和粗细等区别。

（9）小点。呈点状或小于1毫米的棒状纹线结构。小点也有形态、大小等区别。

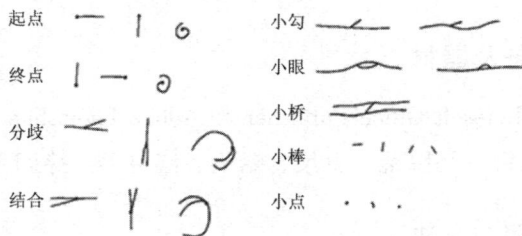

图 8-1 乳突纹线细节特征示意图

上述九种为最基本的细节特征。其他结构多可由上述九种特征组合而成。

九种特征中，起点、终点、分歧和结合四种特征出现率很高，故其价值较低；勾、眼、桥等特征出现率很低，故其价值很高；棒和点的出现率较低，故其价值较高。

2. 细节特征的命名原则

（1）按特征的形态命名。即像什么叫什么。如勾、眼、桥、棒、点等皆依此而得名。

（2）按从左向右的方向命名。主要用于根基系统纹线特征（起点、终点、分歧、结合）的命名。

（3）按从上向下的方向命名。适用于中心腔内的纹线特征（起点、终点、分歧、结合）的命名。

（4）按顺时针的方向命名。适用于内部花纹及外围的圆弧部分等部位的纹线特征（起点、终点、分歧、结合）的命名。

（二）指印细节特征的标识

1. 寻找、发现细节特征的方法

（1）运用由点到面的方法寻找、发现并确定纹线细节特征。

（2）纹线的流向寻找、发现并确定纹线细节特征。

（3）依据纹线之间的相互关系寻找、发现并确定纹线细节特征。

2. 细节特征的标识方法（见图 8-2）

（1）标线要与所标处的纹线基本垂直，并准确标到特征点上。

（2）标线要尽量呈放射状，并尽量使其均匀分布。

（3）标线序号应按顺时针方向排列。

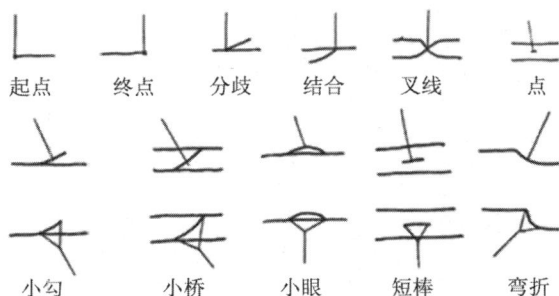

起点　　终点　　分歧　　结合　　叉线　　点

小勾　　小桥　　小眼　　短棒　　弯折

1.小桥 2.分歧 3.小勾 4.小点 5.终点 6.小棒 7.小眼 8.起点 9.结合

图 8 - 2   乳图纹线细节特征的标识方法

六、实训作业

每人完成 2 枚指印细节特征的标识。

一、实训教学目标

1. 识记手印鉴定的基本理论、基本程序。

2. 能准确标识指检材和样本细节特征，用 Microsoft Office Publisher 制作特征比对表。

3. 能够规范制作手印鉴定书。

二、实训课时：2 课时。

三、实训内容

（1）检验现场手印。

（2）检验样本手印。

（3）比对现场和样本手印。

（4）制作手印鉴定书。

四、实训设备及器材

电脑（安装 Microscft Office Publisher 和 Adobe Photoshop 图像处理软件）、放大镜、直尺、分规、色笔（红笔）、检材手印、样本手印图片以及鉴定书专用纸、特征记录纸等。

五、实训步骤与方法

（一）预备检验

仔细阅读教材中关于手印鉴定的有关内容，通过案例了解案情，明确鉴定的具体要求，检查实训器材是否齐备。

（二）分别检验

1. 检验现场手印

（1）用放大镜或体视显微镜将现场手印放大，调整光线角度或视线角度，使手印纹线清晰、反差增强、易于观察。

（2）明确现场手印的具体（上下左右）方位。

（3）明确现场手印的痕迹种类，即判断现场手印是立体手印还是平面手印，是乳突线痕迹还是小犁沟痕迹等。

（4）观察现场手印有无模糊、重叠、残缺或变形现象。

（5）判断现场手印的花纹类型和形态反映。现场手印遗留条件正常时，其花纹类型和形态是容易观察和辨别的，如出现模糊、重叠、残缺或变形现象时就要认真观察，以免出错。

（6）寻找、确定现场手印的特征。

寻找和确定特征的具体方法：

①从点到面，逐步扩展的方法。实际工作中常采用这个方法，即在容易确定位置的地方找一个明显的特征作为起点，向四周发展进行寻找。

②先易后难的办法。即从明显可靠的手印特征开始寻找的方法。

③先重点后一般的方法，即从稀有少见的特征开始寻找，如小桥、小眼、小勾、小点、短线等是手印中较罕见的特征，它们质量高、特征明显，在残缺不全手印的检验中应着重寻找这些特征，再向四周扩展寻找其他特征。

④顺纹线的流向追踪的方法。即顺着纹线流转的方向，一根一根纹线去寻找发现特征。

（7）测量现场手印的长、宽、面积及特征间的相互位置，将其结果记录或描绘在记录纸上。

（8）将寻找、确定的手印特征以绘制示意图的方式描绘在记录纸上，或用色笔直接在现场手印图片上标示、固定。

2. 检验样本手印

（1）检查样本手印的质量是否符合要求，部位是否清晰、完整、不变形。

（2）观察样本手印的遗留部位、花纹种类等种类特征是否与现场手印相同。若种类特征明显不同，即可作否定结论，无须继续检验；若种类特征基本相同，则须作细节特征的进一步检验。

（3）检验样本手印的基本次序和方法与现场手印相同。

（4）将现场手印和样本手印的特征相互对照，以验证某些特征的稳定性，有时还能发现新的特征。

（三）比较检验

将现场手印和样本手印的全部特征进行对照比较，从中找出符合点和差异点。（见图 9 - 1）

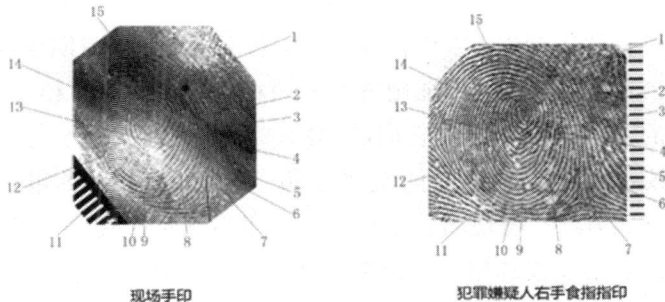

现场手印   犯罪嫌疑人右手食指指印

图 9 - 1

1. 比对时选用哪些特征

在比对的时候，要选用那些比较稳定、比较确切，即质量较高的特征，如明显可靠的、稀有少见的、靠近中心或三角的、互相接近的、伤疤附近的一些特征。对模糊可疑或不稳定的特征，只作参考。

2. 比对的内容

比对时应注意比对特征的分布位置、互相距离、间隔线数和特征的数量，以及每个特征的细节，即它们的形状、面积大小、角度、方向等，进行综合性的全面对比。

3. 比对的方法

（1）特征直接对照法。在现场手印和样本手印的相同部位上选择一两个明显、可靠的符合点，并以此为起点，将二者的所有特征一一进行比对，然后用不同色笔分别将所有符合点和差异点在图片上标示出来。（见图9-2）

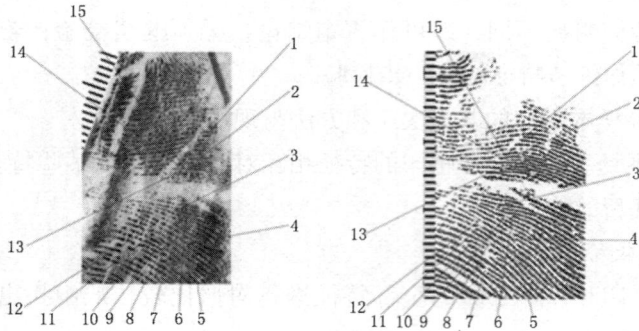

图9-2

（2）特征连线比对法。首先将现场手印和样本手印制成同倍放大的照片，然后分别将二者相应部位的特征用直线两两相连，这些两两相连的特征点就构成了一定的几何图形，比对它们的形状、面积、边长、角度等是否相同。此法适用于纹线清晰、特征少而稳定的手印，不适用于变形手印。

（3）特征重叠法。将现场手印和样本手印制成照相底片，然后在相应部位将其重叠，观察纹线的粗细、流向、间隔、形态及细节特征的重叠情况，其中，重叠的特征为符合点，不重叠的特征为差异点。

（四）综合评断，得出结论

通过比对可能出现两种结果：特征符合；特征差异。这两种情况的存在构成了矛盾。我们要通过分析的方法，认清矛盾的主要方面，即符合点是矛盾的主要方面，还是差异点是矛盾的主要方面。如果符合点是主要方面，差异点是次要方面，即可得出认定的结论；如果差异点是主要方面，而符合点是次要方面，即可得出否定结论。

在分析评断手印特征时，注重特征的质量，也不忽视特征的数量，对特征的数量和质量进行综合做出结论。

根据上述情况，分析评断手印特征，重要的在于查明符合点和差异点的性质。从特征符合点和差异点性质来看。可能有以下几种情况：

符合点：同一手（或手指）的同一部位所反映的特征；不同手（或手

指）或不同部位的少数特征的偶然相符；其他因素影响所引起少数特征的巧合。

差异点：两个不同手（或手指）或同一手的不同部位所反映的不同特征；手印形成过程中其他复杂因素的作用形成的差异；处理手印（采取、固定、包装、运送）过程引起的改变；手印形成后，手或承受体本身的变化所引起的样本特征的变化。

（五）制作手印鉴定书

1. 文字部分

（1）标题：手印鉴定书。

（2）正文：包括绪论、检验、论证和结论。

①绪论。根据教师所给案例或自编案例，说明简要案情、送检单位、收检日期、现场手印和样本手印的种类、数量、提取方法、保管情况及鉴定要求等。

②检验。说明检验的方法、手段及过程，记录检验所见和实训结果。

③论证。对检验中的符合点和差异点进行综合分析，确定二者的本质属性，论述结论的科学依据。

④结论。准确、简练地表述检验结果。

（3）落款：鉴定人、复核人签字，注明鉴定日期并加盖刑事技术鉴定专用章。

2. 图片部分

一般情况下只需附两组特征比对照片，其中，一组用来进行特征比对，另一组用来对照比较。具体做法：现场手印照片贴在左侧，样本手印照片贴在右侧。实际工作中，往往还需附现场手印所在位置照片和现场手印及样本手印的全貌照片。

六、实训作业

1. 完成案件的鉴定任务，并制作鉴定书。

2. 完成实验报告。

附手印鉴定书

手印鉴定书

（XXX）公（物）鉴（痕）字［20XX］XX 号

一、绪论

1. 委托单位：XXX 公安局西城分局刑侦支队

2. 送检人：XX、XXX

3. 受理日期：20XX 年 X 月 X 日

4. 案情摘要：20XX 年 X 月 X 日，XX 市 XX 区清芷园小区 8 号楼 110 室发生一起入室盗窃案，案件编号：A110102300999201210203。经现场勘查及物证检验，在现场提取的物证上发现可疑手印 4 处。后经侦查工作发现嫌疑人 6 名，并分别捺印嫌疑人十指指纹及掌纹样本各一份。

5. 检材和样本：

（1）检材：

①检材手印 JC1 照片一张，是现场门把手上用磁粉刷显提取的手印痕迹一枚/块（以下简称 JC1）；

②检材手印 JC2 照片一张，是现场书桌上用磁粉刷显提取的手印痕迹一枚/块（以下简称 JC2）；

③检材手印 JC3 照片一张，是现场衣橱上用磁粉刷显提取的手印痕迹一枚/块（以下简称 JC3）；

④检材手印 JC4 照片一张，是现场上用磁粉刷显提取的手印痕迹一枚/块（以下简称 JC4）。

（2）样本：

嫌疑人 YB2 十指指纹及掌纹捺印样本一份。

嫌疑人 YB4 十指指纹及掌纹捺印样本一份。

6. 鉴定要求：

检材手印 JC1、JC2、JC4 与嫌疑人 YB2 样本手印是否为同一人所遗留。

检材手印 JC3 与嫌疑人 YB4 样本手印是否为同一人所遗留。

7. 检验开始日期：20XX 年 3 月 9 日

8. 检验地点：XXX 实验室

二、检验

用公安部物证鉴定中心 IFSC 07 - 02 - 01 - 2006《指纹鉴定法》（第 1 版第 1 次修订）对检材和样本进行鉴定。

JC1 是一枚用磁粉刷显提取的指印。该指印反映出指纹中心花纹纹线，其纹线较清晰，特征稳定，将其置于 5 倍放大镜下观察，在指纹中心花纹部位确定稳定的细节特征 19 个，具备同一认定条件。

JC2 是一枚用磁粉刷显提取的掌印。该掌印反映出掌纹内侧区的纹线，其纹线清晰，特征稳定，将其置于 5 倍放大镜下观察，确定稳定的细节特征 20 个，具备同一认定条件。

JC3 是一枚用磁粉刷显提取的指印。该指印反映出指纹中心花纹左侧及左三角纹线，其纹线清晰，特征稳定，将其置于 5 倍放大镜下观察，左中心花纹左侧和左三角部位确定稳定的细节特征 21 个，具备同一认定条件。

JC4 是一枚用磁粉刷显提取的指印。该指印反映出指纹中心花纹纹线，其纹线较清晰，特征稳定，将其置于 5 倍放大镜下观察，在指纹中心花纹部位确定稳定的细节特征 12 个，具备同一认定条件。

嫌疑人 YB2 十指指纹捺印样本及掌纹捺印样本，纹线捺印清晰，特征稳定，具备同一认定条件。

嫌疑人 YB4 十指指纹捺印样本及掌纹捺印样本，纹线捺印清晰，特征稳定，具备同一认定条件。

将 JC1 与嫌疑人 YB2 的十指指纹捺印样本逐一比对检验，发现检材指印 JC1 与嫌疑人 YB2 右手环指捺印指印的中心花纹纹线形态、流向十分相似，在相应部位亦确定稳定的细节特征 19 个。将二者置于同一视野范围内观察比较，发现二者的纹线形态、流向一致，细节特征的位置、形态、相互关系，相应部位细节特征数量总和均一致。（详见特征比对照片）

将 JC2 与嫌疑人 YB2 的掌印捺印样本逐一比对检验，发现检材掌印 JC2 与嫌疑人 YB2 的左手掌纹内侧区的纹线形态、流向十分相似，在相应部位亦确定稳定的细节特征 20 个。将二者置于同一视野范围内观察比较，发现二者的纹线形态、流向一致，细节特征的位置、形态、相互关系，相应部位细节特征数量总和均一致。（详见特征比对照片）

将 JC3 与嫌疑人 YB4 的十指指纹捺印样本逐一比对检验，发现检材指印 JC3 与嫌疑人 YB4 右手食指捺印指印的中心花纹左侧及左三角纹线形态、流向十分相似，在相应部位亦确定稳定的细节特征 21 个。将二者置于同一视野范围内观察比较，发现二者的纹线形态、流向一致，细节特征的位置、形态、相互关系，相应部位细节特征数量总和均一致。（详见特征比对照片）

将 JC4 与嫌疑人 YB2 的十指指纹捺印样本逐一比对检验，发现检材指印 JC4 与嫌疑人 YB2 右手中指捺印指印的中心花纹纹线形态、流向十分相似，在相应部位亦确定稳定的细节特征 12 个。将二者置于同一视野范围内观察比较，发现二者的纹线形态、流向一致，细节特征的位置、形态、相互关系，相应部位细节特征数量总和均一致。（详见特征比对照片）

三、论证

人的指掌纹具有"人各不同、指各相异、终身不变"的特性，指掌印是指掌纹触物留下的印痕。检材指印 JC1 与嫌疑人 YB2 的右手环指捺印样本，检材掌印 JC2 与嫌疑人 YB2 的左手掌内侧区捺印样本，检材指印 JC3 与嫌疑人 YB4 的右手食指指纹捺印样本，检材指印 JC4 与嫌疑人 YB2 的右手中指指纹捺印样本，在纹型、纹线形态、流向、相同部位细节特征上反映均一致，反映出二者系同一人所留的本质特性。

四、鉴定意见

1. 送检的检材手印 JC1 与嫌疑人 YB2 右手环指捺印样本是同一人所遗留。

2. 送检的检材手印 JC2 与嫌疑人 YB2 左手手掌内侧区捺印样本是同一人所遗留。

3. 送检的检材手印 JC3 与嫌疑人 YB4 右手食指捺印样本是同一人所遗留。

4. 送检的检材手印 JC4 与嫌疑人 YB2 右手中指捺印样本是同一人所遗留。

附件：

1. 检验照片；
2. 《鉴定机构资格证书》复印件；
3. 《鉴定人资格证书》复印件。

鉴定人：XXX

复核人：XXX

二〇XX年三月十二日

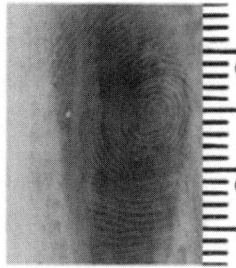

原大照片　　　　　　　　三倍放大照片

照片一　　JC1照片

原大照片　　　　　　　　三倍放大照片

照片二　　YB2右手环指样本照片

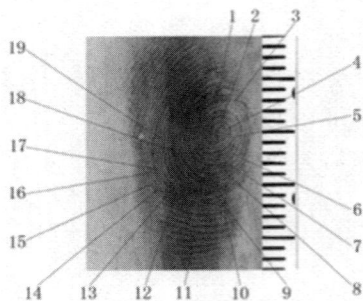

标示特征的JC1照片

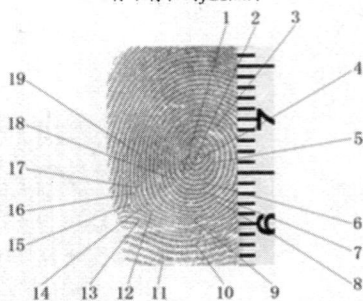

标示特征的YB2右手环指样本照片

照片三　　特征比对照片

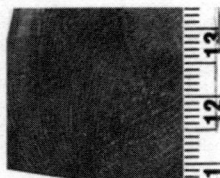

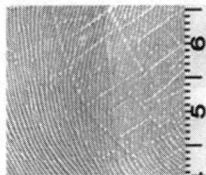

原大照片　　　　　　　　　二倍放大照片

照片四　　JC2照片

原大照片　　　　　　　　　二倍放大照片

照片五　　YB2左手手掌内侧区样本照片

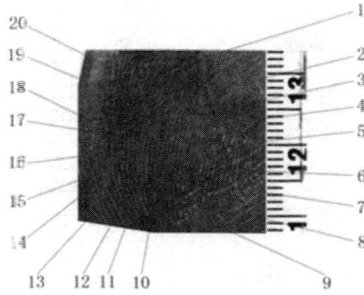

标示特征的JC2照片

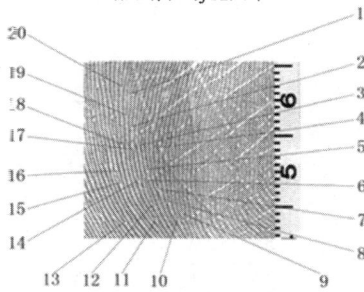

标示特征的YB2左手手掌内侧样本照片

照片六 特征比对照片

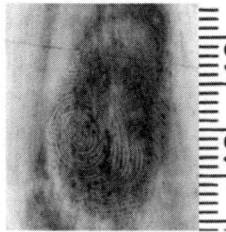

原大照片　　　　　　三倍放大照片

照片七 JC4照片

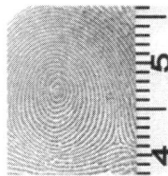

原大照片　　　　　　三倍放大照片

照片八 YB4右手中指样本照片

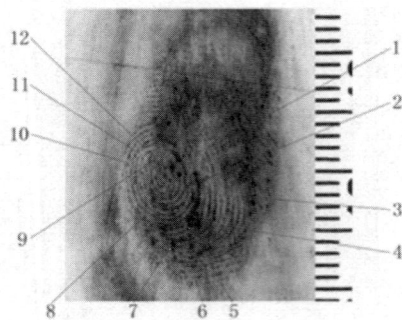

标示特征的JC4照片

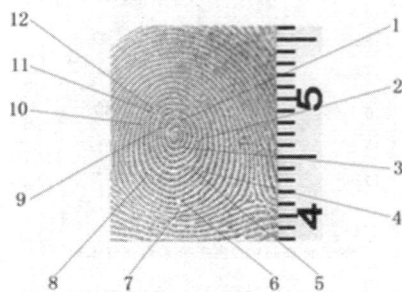

标示特征的YB2右手中指样本照片

照片九　　特征比对照片

模块二
脚印检验

捺印足迹样本

一、实训教学目标

1. 能规范捺印赤足、穿鞋平面足迹样本。
2. 能分析站立与行走状态下所形成足迹特征的差异。

二、实训课时：2 课时。

三、实训内容

1. 赤足、穿鞋足迹捺印。
2. 成趟穿鞋足迹捺印。

四、实训设备及器材

黑色油墨、调墨板、调墨刀、捺印板（或海绵）、油墨辊、白纸、卷尺、肥皂等。

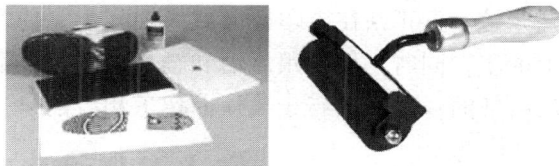

图 10 - 1　设备、器材

五、实验步骤与方法

（一）足迹捺印

1. 单枚静态足迹捺印

（1）在油墨辊上均匀黏附油墨。用调墨刀将少许油墨涂于调墨板上，用油墨辊纵、横推碾，待油墨基本推碾均匀以后，以纵推方式，从一端匀速地向另一端推碾油墨辊，使油墨辊表面均匀地沾附上一层油墨。

（2）在捺印板上涂抹油墨。沾有油墨的油墨辊，从捺印板的一端匀速地推向另一端，使油墨均匀地转移到捺印板（或海绵）上。油墨的厚度应以被捺印客体的不同而稍有区别。若捺印赤足足迹，可将有字的白纸放在捺印板的背面，从有油墨的一面看，能隐约见其背面纸上的字即可；若捺印穿鞋足迹，油墨需比前者厚点，但要涂抹均匀。

（3）捺印静态足迹。将没有皱褶的 16 开白纸平铺在平整的地面上（白纸下应用一层报纸衬垫，并保持白纸的清洁）。将要捺印的鞋底、足底部的附着物清除干净，轻轻地踩踏均匀沾有油墨的捺印板上，然后，垂直站立于已经铺平展的白纸上，再垂直提起，离开纸面。按以上的足迹捺印方法分别捺印赤足、胶鞋、皮鞋、拖鞋左右足迹各一枚。

（4）文字说明。捺印完毕后，分别在完成的捺印足迹下端的白纸上注明被捺印人姓名、性别、年龄、身高、体态等，并注明足迹是否有残缺、受伤或畸形，以及捺印的时间、地点等。

2. 成趟足迹捺印

（1）摆放足迹捺印纸。将没有皱褶的白纸平铺在平整的地面上（白纸下应用一层报纸衬垫，以保证捺印出的足迹清晰、完整）。白纸的大小可以根据用钢卷尺测量出的捺印人正常行走时相邻左右两足迹之间的距离以及捺印人 4 枚成趟足迹的总长度来确定，一般为宽度大于 50 厘米，长度大于 260 厘米。

（2）在捺印板上涂抹油墨。按上述方法在捺印板上均匀地涂抹油墨。

（3）捺印成趟足迹。立正站在捺印板（或海绵）上，使左右鞋和赤足的底面均匀地沾附上油墨，同时，注意跟后沿和鞋尖前端都要沾附上油墨，然后以正常步法，从白纸的一侧向前行走，从而留下相应的足迹。足在纸上应有碾动的过程。

（4）文字说明。在已完成的成趟足迹捺印纸上注明被捺印人的姓名、性别、年龄、身高、体态等，以及捺印时间、捺印地点。

六、注意事项

（1）为了使鞋、赤足底面黏附的油墨均匀，在调油墨时，油墨辊要在调墨板上和海绵上反复、多次滚动并坚持做到每粘一次前，必须重新滚压几次。

（2）为了保证捺印样本清晰，黏附在鞋、袜或赤足底面上的油墨要适量，不能过多或过少。如果油墨量过大，可在正式捺印前，踩踏在其他纸张上，以减少鞋、袜或赤足底面上所黏附的油墨量，然后再进行正常捺印。

（3）捺印时，捺印人必须以正常的姿势和步法自然向前行走，不能左顾右盼，前后摇摆或走走停停。

（4）要爱护捺印器材，捺印结束后，要将捺印器材擦拭干净并整理好，清理地面上黏附的油墨污迹和废纸等。

七、实训作业

（1）每人以站立方式分别捺取赤足、穿胶鞋、穿皮鞋、穿拖鞋左右足迹各一枚；以行走方式捺取成趟足迹一份。

（2）初步对站立、行走方式形成的穿鞋足迹特征的差异作出分析、判断。

赤足足迹的观察与标识

一、实训教学目标

1. 识记赤足足迹各部位的形状、名称。

2. 能规范测量赤足足迹。

3. 能规范赤足足迹形象特征的要领方法。

二、实训课时：2 课时。

三、实训内容

1. 测量赤足足迹的全长及各部位宽度。

2. 标出赤足足迹的各部位形状。

3. 标出赤足足迹各区域出现的乳突纹线构成的花纹。

四、实训设备及器材

铅笔（红、蓝绘图铅笔）卷尺、直尺、分规、量角器、三角板、放大镜以及赤足油墨平面足迹样本等。

图 11 -1

五、实训步骤与方法

（一）赤足足迹的长、宽测量

1. 赤足足迹中心线的确定

在赤足平面足迹样本上，首先确定二趾中心点和跟后缘的最突点，连结这两点的直线即为足迹中心线。若第二趾没有反映出来，则可选拇趾和第三趾之空隙的中点；若足迹的跟后缘最突点没有反映出来，可选跟区最宽处的中心点为足迹中心线的确定点；如果足迹的跟区没有反映出来，则选跟足区最宽处的中心点为足迹中心线的确定点；如果足迹的跟区没有出来，则可选足跖区最宽处的中心点作为足迹中心线的确定点。（见图 11 -2）

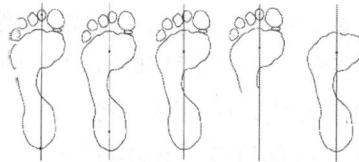

图 11 -2

2. 赤足足迹全长的测量

分别过赤足足迹的前缘最凸点和跟后缘最凸点做足迹中心线的两条垂线，两垂线之间的距离即为赤足足迹的全长。（见图 11 -2）。

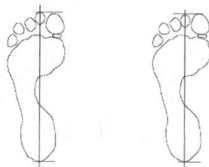

图 11 -3

3. 赤足足迹各部位宽度的测量及所属类型

（1）赤足足迹掌（跖）宽的测量。以掌内侧最凸点做一条垂直于足迹中心线的直线，并延长交于掌外侧边缘一点，两点间的距离即为赤足足迹掌宽（见图 11 - 4）。根据赤足足迹全长与掌宽的比例，可将掌部宽分为特宽型（2:1）、中等宽型（2.5:1）、瘦窄型（3:1）。

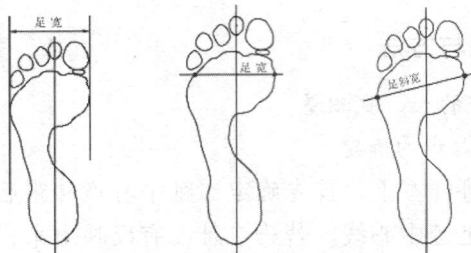

图 11 - 4

（2）赤足足迹弓部宽的测量。以弓部最窄处做一条垂直于足迹中心线的直线交于弓部内外边缘两点，两点间的距离即为赤足足迹弓宽（见图 11 - 5）。根据足迹弓宽及弓区内缘的位置，可以将足弓分为高弓型（平面赤足足迹中弓区呈中断状态）、窄弓型（弓宽较小，弓部外侧仅有一条窄条的痕迹将掌部和跟部相连）、中等弓型（足迹的弓部内缘接近足迹的中心线）、扁平弓型（足迹弓内缘超出足迹中心线，或与跟部痕迹等宽）、膨胀弓型（又称特宽型，足内外侧纵弓全着地，弓部痕迹呈现出膨胀形，往往弓宽超过跟部痕迹的宽度）等几种类型。（见图 11 - 5）

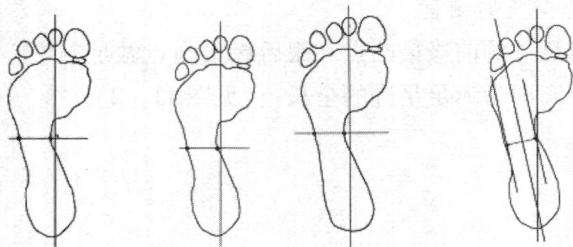

图 11 - 5

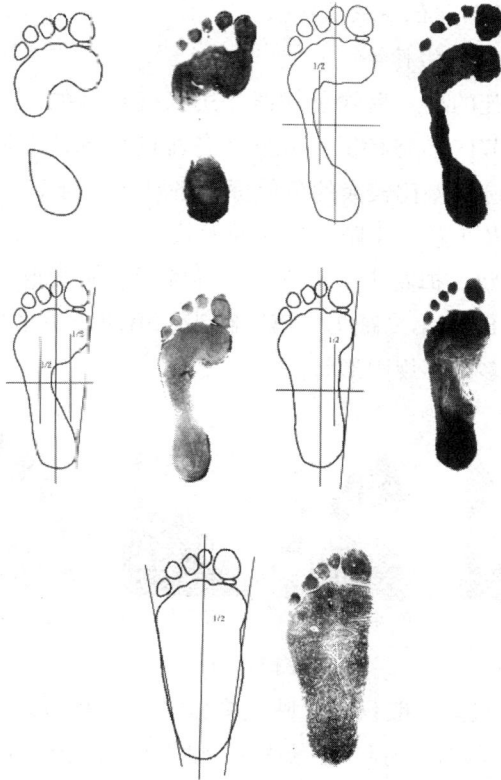

图 11 - 6

（3）赤足足迹跟部宽的测量。以跟部最宽处做一条垂直于足迹中心线的直线交于跟部内外缘两点，两点间的距离即为赤足足迹跟宽（见图 11 - 7）。根据跟部痕迹的宽度，可将跟部宽分为特窄型、窄型、中等型和宽型等类型。

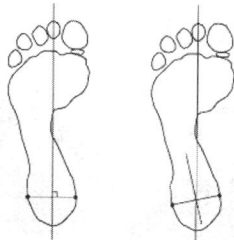

图 11 - 7

（二）赤足足迹各部位形状的标识

1. 趾区的形状特征的标识

分别作相邻两趾的前、后缘公切线，用来确定趾的纵向排列特征、趾间区的形态特征和趾节区形态特征；分别作各趾的中轴线，用来确定趾的横向排列特征；用与足迹反差比较大的色笔标识各趾头、趾节的形态；标识拇趾、拇趾节的内缘形状及小趾、小趾节外缘的形状。

（1）趾头的形状。拇趾头多呈圆形、椭圆形、蛇头形（三角形）或不规则形状（见图 11 - 8），第二趾头、第三趾头、第四趾头多呈圆形、椭圆形或三角形，而小趾头多呈不规则形状。

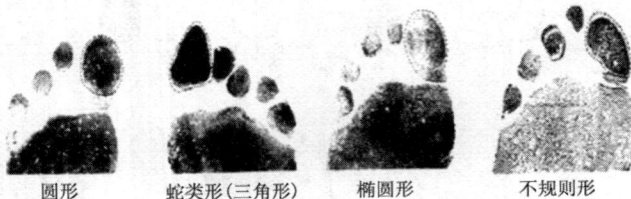

圆形　　蛇类形(三角形)　　椭圆形　　不规则形

图 11 - 8

（2）趾节的形状。一般只能反映出拇趾节，多呈条形、椭圆形、不规则形；少数情况下能反映出小趾节，多呈不规则形。（见图 11 - 9）

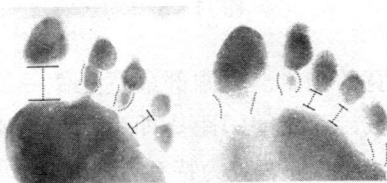

图 11 - 9

（3）趾前后缘切线形态。（见图 11 - 10）

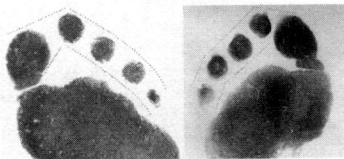

图 11 - 10

2. 跖（掌）区的形状特征的标识

用与足迹反差比较大的色笔靠近并沿着趾区的内、外缘和前、后缘以细线或虚线标明跖区外缘的形状。

（1）跖前缘的形状，主要有波浪形、弧形、角形、平直形。（见图 11 – 11）

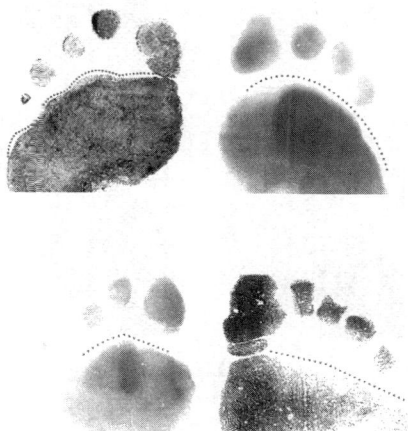

图 11 – 11

（2）跖后缘的形状，主要有弧形、凹凸形、平直形、波浪形。（见图 11 – 12）

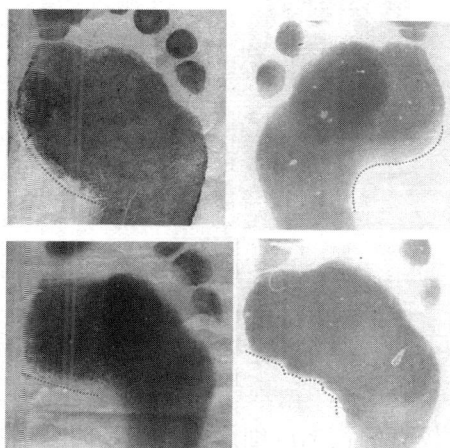

图 11 – 12

（3）跖内缘的形状，主要有波浪形、角形、弧形、平直形。（见图 11 -
13）

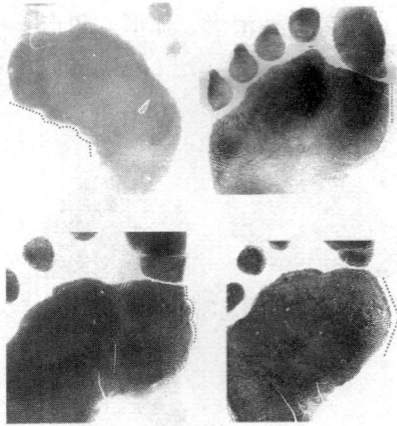

图 11 -13

（4）跖外缘的形状，主要有弧形、角形、平直形、波浪形。（见图 11 -
14）

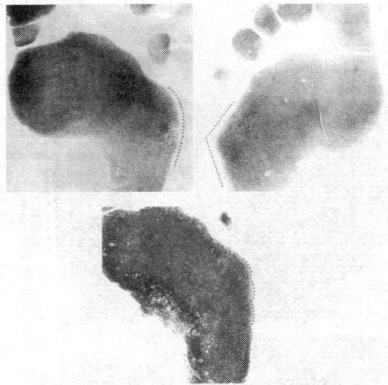

图 11 -14

3. 弓区的形状特征的标识

用与足迹反差比较大的色笔以细线或虚线标明弓区边缘的形状。弓区的
形状特征主要是指弓外缘的形状特征。

（1）高弓型足弓的形状特征。高弓型足弓痕迹呈中断状，特征表现在中断的形式、位置和断端边缘的形态、距离及弓内外缘的流向、形态等方面上，其中，断缘的具体形状有平齐形、角形、弧形、锯齿形、波浪形等。（见图11－15）

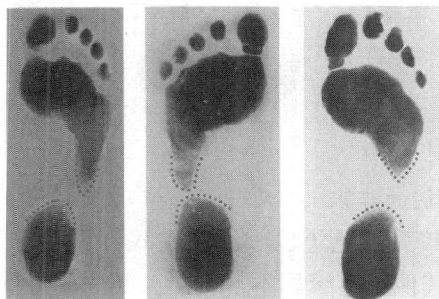

图 11－15

（2）窄弓型和中等弓型足弓的形状特征。其特征表现在足弓区连续的内外缘形态及各部位的宽度比例上。两种足弓内外缘的形状主要有平直形、波浪形、弧形、角形、凸出形等。（见图11－16）

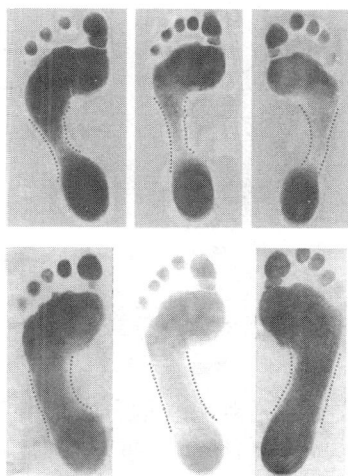

图 11－16

（3）扁平型和膨胀型足弓的形状特征。这两种足弓内外缘的形状主要有

斜直形、弧形、凸出形、波浪形、锯齿形等。（见图 11 – 17）

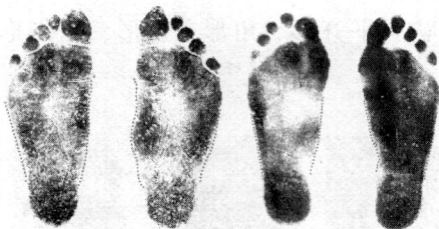

图 11 – 17

4. 跟区的形状特征的标识

用与足迹反差比较大的色笔以细线或虚线标识出跟区的边缘形状。常见的跟后缘呈圆弧形，其他三边缘属不规则形，其中内外缘多呈直线形或弧形，前边缘生理变化较大，一般有弧形、直线形、角形和波浪形等。（见图 11 – 18）

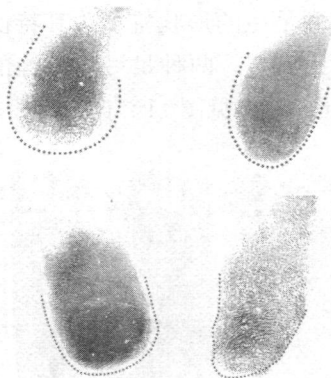

图 11 – 18

（三）各区域纹型的标识

1. 足趾纹

（1）趾头纹。趾头纹少数是趾头表面分布的乳突纹线，能构成弓型纹、箕型纹、斗型纹和三角形纹（见图 11 – 19）。拇趾头上的纹线构成箕型纹、斗型纹的概率较高，而其他四个趾头上的纹线很少能构成复杂花纹，尤其是第四趾头、第五趾头乳突纹线多为弧形、斜形。

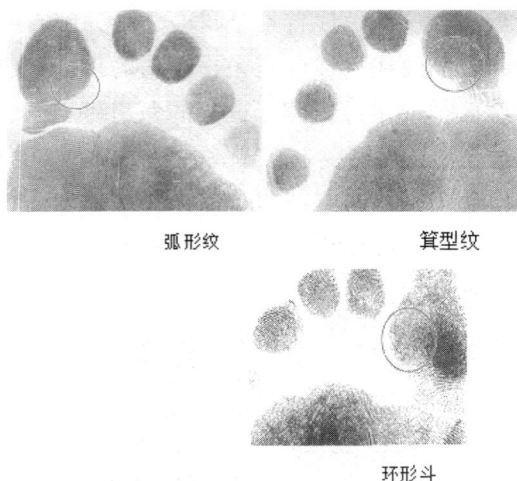

弧形纹　　　　　　箕型纹

环形斗

图 11 – 19

（2）趾节纹。趾节纹纹线较短，边缘粗糙，弯折线和断续的点线较多；花纹结构简单，由一种或几种形态的纹线相层叠而组成几种简单的图形，呈斜形、弧形和波浪形纹，很少有箕型纹和斗型纹。

2. 足跖（掌）区纹线

足跖（掌）区的乳突纹线分布面积较大、流程较长，各部位纹线的流向不同，花纹形状和结构也不同；多数跖区能构成复杂的花纹，但其结构形状、面积、方位和三角的分布、数目等与足趾纹不同。跖区可分为拇跖区、中心区和小跖区三部分。

（1）拇跖区纹线。纹线较完整且有规律，常能构成弓型纹、箕型纹、斗型纹、三角形纹等典型花纹。（见图 11 – 20）

图 11 – 20

（2）中心区纹线。此区的纹线特点是每一趾跟处都有一组横行或斜行的纹线，与来自两侧邻趾的纹线构成倒三角，三角的顶部纹线多数呈斜形，流经跖内侧，止于跖区后部或足弓内侧，也有的参与弓型纹、箕型纹、斗型纹的构成；中心区花纹在形成弓型纹、箕型纹、斗型纹时，有单一纹型出现的，也有两种纹型混合出现的，还有同种两个以上花纹并列出现的；中心区花纹只有纵向的，没有横向的。其主要花纹类型有弓型纹。（见图11－21）

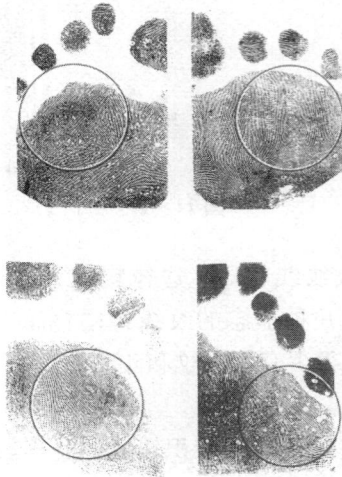

图11－21

（3）小跖区纹线。小跖区面积小，纹线只能构成三角形纹。（见图11－22）

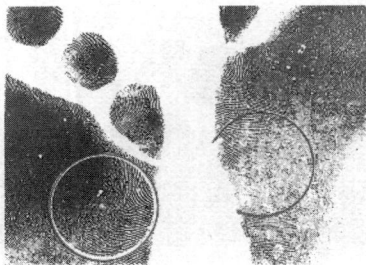

图11－22

3. 足弓纹

足弓纹多呈横向或斜向纹线，不构成复杂花纹，少数能构成弓型纹或箕型纹。弓型纹多属横斜弧（前横弧和后横弧），箕型纹多呈横斜箕。（见图 11 - 23）。

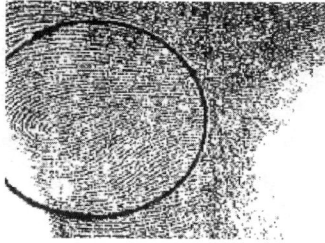

图 11 - 23

4. 足跟纹

跟区乳突纹线多为横斜线、短线和弧形线。（见图 11 - 24）。

图 11 - 24

（四）赤足足迹的其他特征

用反差比较大的色笔标划主要的褶纹和皱纹的流向、结构。用反差比较大的彩笔标识鸡眼、老茧、伤疤的边缘形状、方位。标识明显的，大面积的脱皮特征和附着物反映，主要是标划它们的形态和位置。

1. 褶皱纹特征

主要表现为屈肌褶纹、皱纹。（见图 11 - 25）

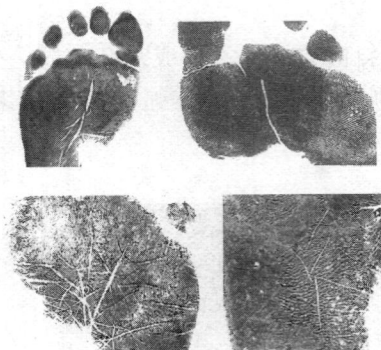

图 11 -25　褶纹、皱纹

2. 趾的畸形和损伤特征

主要表现为多趾、联趾、缺趾和断趾。

3. 伤疤特征

伤疤的位置、形状、大小及与其他特征间的关系，都是稳定的特征。（见图 11 -26）

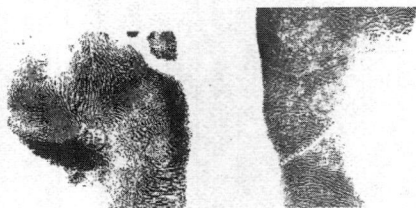

图 11 -26 伤疤特征

4. 褶皱纹、鸡眼、脱皮特征

赤足足迹的褶皱纹、鸡眼（见图 11 -27）、脱皮特征。

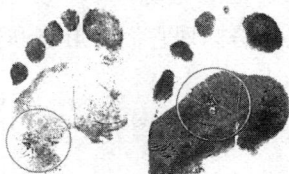

图 11 -27　鸡眼特征

六、注意事项

1. 确定足迹中心线和测量足迹结构特征时，必须方法统一，使测量标准统一。

2. 标识特征时，要选择明显、稳定、可靠、有代表性的特征进行标识。

3. 描绘特征时，不能直接在特征上进行描绘，以免画线影响特征的客观性。

4. 注意赤足足迹中细小附着物（如沙粒等）形成的痕迹与脱皮形成的痕迹之间的区别。

七、实训作业

1. 测量赤足油墨平面足迹样本的全长及赤足足迹各部位的宽度，并在足迹外标明测量的结果。

2. 对赤足油墨平面足迹样本进行仔细观察，标识出赤足足迹各部位的形状，并指出其所属的类型。

实训项目十二
穿鞋足迹特征的观察与标识

一、实训教学目标

1. 熟悉穿鞋足迹各部位的形状、名称。

2. 能测量穿鞋足迹。

3. 能标识足迹特特征。

二、实训课时：2 课时

三、实训内容

1. 测量穿鞋足迹的全长及各部位宽度。

2. 标出穿鞋足迹的各部位形状。

3. 标出鞋底所属原料、生产工艺、磨损、一次性损伤、修补、鞋底花纹所属类型等特征。

四、实训器材

铅笔（红、蓝绘图铅笔）卷尺、直尺、分规、量角器、三角板、放大镜。

五、实训步骤及方法

（一）测量穿鞋足迹的长、宽

1. 穿鞋足迹中心线的确定

目前，确定中心线的方法尚未统一，有以下三种：

（1）在鞋的掌前尖凸点、跟后缘凸点，两点间作一直线，或掌、跟各自的最宽处的中心点上连一直线，作为测量用的基准线，通常称为纵轴线或中心线（见图 12-1）。该种方法简单明了，便于现场快速测量，但确定前后凸点时往往有误差，中心线易受鞋尖类型的影响。

（2）在足迹的内侧和外侧各作一切线，两切线分别与前掌内外侧最凸点和跟内外侧最凸点相切，过前掌两切点连线的中点和后跟两切点连线的中点作一直线并延长，此直线即为中心线。（见图 12-1）

（3）在足迹的内侧和外侧各作一切线，两切线分别与前掌内外侧最凸点和跟内外侧最凸点相切，作出足迹的内切线和外切线交角的角平分线为足迹中心线，若内切线与外切线平行时，可将与两切线平行且距两切线相等的中心线作为足迹中心线。（见图 12-1）

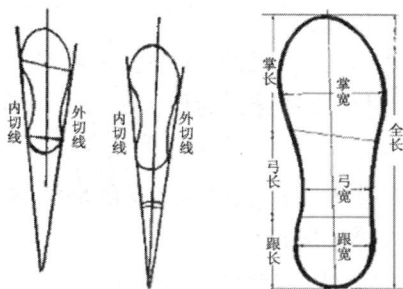

图 12-1

2. 穿鞋足迹全长的测量

穿鞋足迹中心线确定后，在鞋尖前缘和跟后缘两处，各做一条与中心线垂直的切线，两切线间的垂直距离即为穿鞋足迹的全长。

3. 穿鞋足迹各部分长度的测量

（1）掌部长度的测量。如果掌后缘与足迹中心线垂直，则通过掌部的足迹中心线的线段长度即为掌部长；如果掌后缘与足迹中心线不垂直，则先分别过掌后缘与掌内、外缘的交点，做平行于掌前缘最凸出点所做切线的平行线，再分别测量掌内侧长与掌外侧长。

（2）弓部长度的测量。如果弓前缘（即掌后缘）与足迹中心线垂直，则通过弓部的足迹中心线的线段长度即为弓长；如果弓前缘与足迹中心线不垂直，则分别测量弓部内、外侧与足迹中心线相平行的线段长度，即为弓部内侧长和弓部外侧长。

（3）跟部长度的测量。通过跟部的足迹中心线的线段长度即为跟部长。

4. 穿鞋足迹各部分宽度的测量

（1）掌部宽度的测量。在掌内、外缘最凸出点分别做两切线，两切线间的垂直距离为掌宽。（见图 12 - 1）

（2）弓部宽度的测量。在弓部内、外缘最凹点分别做两切线，两切线间的垂直距离为弓宽。弓宽是弓部最窄的距离。（见图 12 - 1）

（3）跟部宽度的测量。在跟内、外缘最凸点分别做两切线，两切线间的垂直距离为跟宽。（见图 12 - 1）

（二）标识鞋底各部位的外形结构特征

1. 鞋底周围边缘的形状

（1）鞋底内外侧边缘的形状。绝大多数鞋的内外侧边缘形状是不对称的，左右足不能换穿，称为认脚鞋。少数鞋内外侧边缘是对称的（如手工做的布底布鞋、拖鞋等），左右足可以换穿，为便脚鞋，又叫直底鞋。认脚鞋内侧边缘弯度大于外侧边缘。

（2）鞋底后跟边缘的形状。鞋底后跟边缘的形状随整个鞋跟的形状而定，一般有圆形、半圆形、方形、坡跟形等。

（3）鞋底前尖边缘的形状。常见的鞋底前尖边缘形状有尖头、扁头、圆头、方头等。

2. 鞋底面的形状

鞋底面的形状主要有平底、加厚掌底、边厚跟底。

（三）鞋底的原料品种特征

制作鞋底的原料多数是塑料、橡胶，少数是布、皮革，极少数是木板、草等。

1. 塑料底

（1）硬塑料底鞋的鞋底花纹特点：周边反映较明显完整；掌和跟的表面均有凸凹构成的有规律的点、块、条状花纹，花纹边棱多呈直角，边沿花纹封口，多组成横斜向的网格。若带高跟的，鞋底弓内、外侧各有一根"支撑梁"结构，是区别于其他原料鞋底的一个重要标志。

（2）半发泡塑料底鞋的鞋底花纹特点：一般花纹清晰粗大，周围有边，但边棱有时不够清晰明显。

（3）发泡塑料底鞋的鞋底花纹特点：一般反映出鞋底花纹较细较浅，边沿花纹不封口，两侧有襻眼，足迹周围边缘不完整，底面的塑料层易断裂。

2. 橡胶底

（1）橡胶模压底鞋：与塑料底鞋相似，鞋底腰部没有"支撑梁"结构，而大底与中底之间夹有铁钩心结构。在形成平面足迹时，足弓部位不留痕迹。

（2）冲切底胶鞋：在贴合成型过程中，边棱常被拉平或被挤压呈弧形，大底边缘形成钝角，底跟部的花纹凹度比底掌部的要深。形成足迹时，周边反映不完整，掌心、跟心和弓外侧痕迹清晰。

3. 布底

布底是用多层棉布经麻线纳制而成的，手工纳制的纳制方法因人而异，针脚各自形成规律，多为横向纳制，针脚特征明显且特定。机器轧制的针脚比较规则，多呈螺旋式，类似鞋垫的轧法。

4. 皮底

皮底多是用动物皮制作的，一般经手工切制而成，故痕迹中边缘形状较特定，但边缘不完整。皮底鞋很少留有花纹。

（四）标识鞋底的生产工艺特征

鞋的制作过程大体可分为大底压纹、鞋底加工、鞋帮加工和成型组合四步。鞋底的制作工艺可分为模压工艺、冲切工艺和手工工艺。模压工艺又可分为注塑工艺、注压工艺、粘贴工艺等不同种类。

1. 模压工艺特征

模压工艺是将调制好的塑料注入模具（见图 12 - 2、图 12 - 3），经加热、加压、冷却后，成型为一只鞋或一只鞋底，如果生成的是鞋底，再将鞋底和制作好的鞋帮粘贴或缝制成一只完整的鞋。这种工艺生产的鞋底花纹特点是：左右脚花纹对称、完整，鞋底边缘多有棱边，跟部多有抗磨损块，厂名、商标、鞋号的位置固定（一般在鞋底中心位置）；注塑鞋可发现注塑孔痕；注压鞋可发现排热胶孔等。（见图 12 - 4、图 12 - 5）

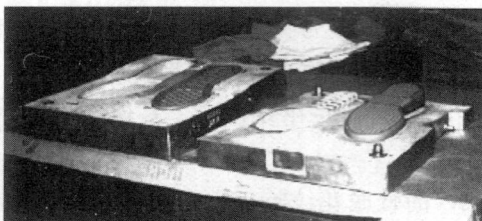

图 12 - 2   注压鞋底的上下模具

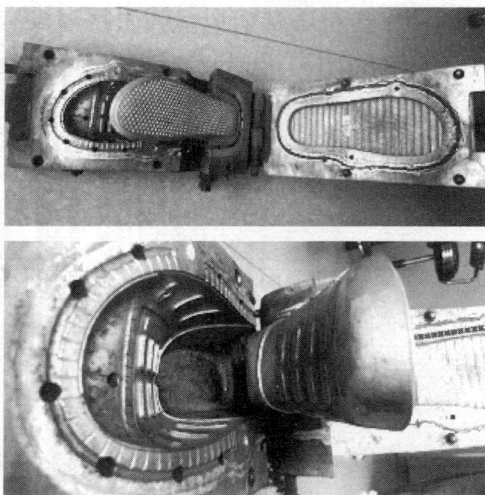

图 12 - 3   一次性成型注压鞋模具鞋面花纹

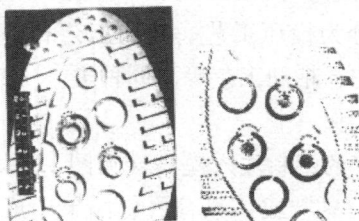

图 12 - 4   鞋底注塑不足平面足迹特征

图 12 – 5　注塑过程中气泡造成的鞋底花纹缺损特征在足迹中的反映

2. 冲切工艺特征

冲切工艺是指将橡胶或塑料片输入滚筒狭缝，延压成带有花纹的片状（见图 12 – 6），经冲切机（鞋型刀）冲压成一只只鞋底（见图 12 – 7），然后经上帮或用围条黏合、流化等工艺，制成一只完整的鞋。冲切工艺制作的鞋有以下特点：花纹分布随机，无边棱，无抗磨损块，也无注塑孔痕和排热胶孔。厂名、商标和鞋号的位置不固定，围条接头的位置也不固定。（见图 12 – 8、图 12 – 9、图 12 – 10）

图 12 – 6　压延机制成带有图案的长塑料片

图 12 – 7　鞋型刀

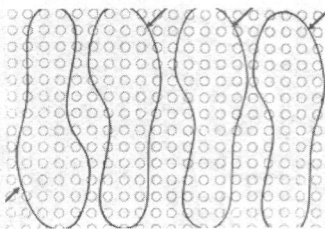

图 12 - 8   冲切形成的鞋底上的简单花纹

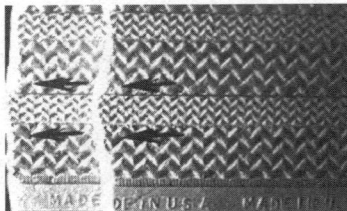

图 12 - 9   花纹的峰顶与峰谷位置不同

图 12 - 10   鞋弓部位印制鞋号的位置不同

3. 手工制作特征

手工制作的鞋包括布底鞋和部分皮底鞋。布底鞋的制作过程是，先将多层布片粘贴叠加在一起，经手工或机器裁切或轧制形成布底，再经绱帮制成成品鞋。皮底鞋是将皮革按一定的鞋型加以裁切，然后将其上帮或粘贴到中底上制成鞋。手工工艺制作的鞋的特征主要有鞋底的形态及加工过程中的针脚、线道特征等。

（五）鞋底的磨损及一次性损伤

1. 磨损

鞋底的磨损特征是鞋子在穿用的过程中，由于摩擦使鞋底表面的微量物质剥落而形成的缺陷特征。它不仅受鞋底质料的影响，而且还受人的体型、足型、行走习惯的制约，因此，同一个人穿用的鞋底，即使质料不同，其鞋底的磨损特征反映应是一致的。在一些现场同样能反映出鞋底的磨损特征，它包括磨损的程度（轻度磨损、中度磨损、重度磨损和窟窿）、磨损部位的一般形状、多处磨损间的相互关系、因磨损而造成的鞋底花纹的变化等多个方面。（见图12-11、图12-12、图12-13、图12-14）

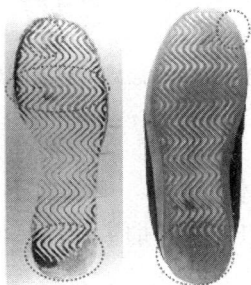

图 12-11 帆布鞋前掌、后跟磨损特征

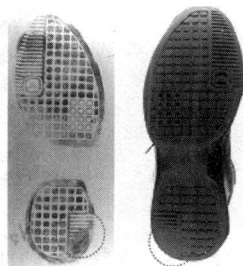

图 12-12 旅游鞋后跟外侧磨损特征

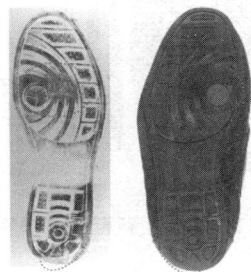

图 12-13 皮鞋前掌及后跟外侧磨损特征

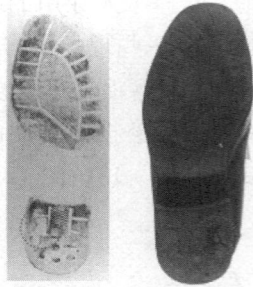

图 12 – 14　鞋后跟内侧磨损特征

2. 一次性损伤

一次性损伤是在坚硬客体上碰撞、磨蹭时形成的硬伤，在鞋底上会形成沟痕、小坑、缺损、裂口，以及踩踏烟头等灼热的客体时形成的坑凹、缺损、小洞等。这些特征的位置、形状、大小、深浅等都是很稳定的，在一些现场也能得到反映。（见图 12 – 15、图 12 – 16、图 12 – 17）

图 12 – 15　皮鞋裂纹特征

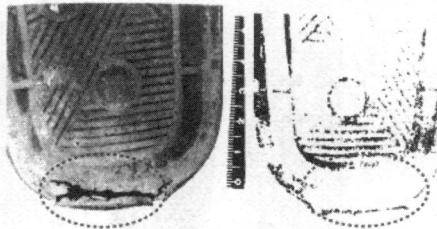

图 12 – 16　塑料鞋底破损特征

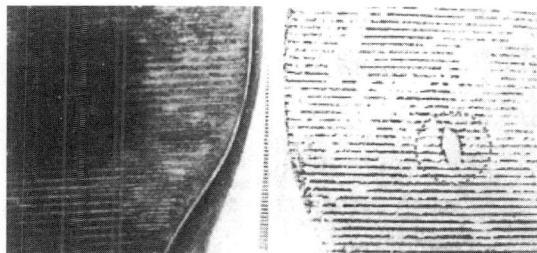

图 12 – 17　烫伤形成的缺损特征

标识方法：如果破损呈点线状或面积较小，可采用引线法标明破损特征的位置；若破损特征呈面状且面积较大，则可用反差较大的色笔以纽线或虚线沿破损特征的边缘标明破损的位置、形状、大小；如果破损特征较多，还可标识破损特征之间的相互关系。

（六）标识鞋底的修补特征

人们在穿用鞋时发生损坏，如穿孔、折断、裂纹等，为延长鞋的使用寿命而进行修补。经修补后，在穿鞋足迹上会留下相应的痕迹，而形成新的特征。鞋底修补通常包括钉铁掌、换底、粘胶底、钉耐磨块和缝线等。（见图 12 – 18）

修补特征主要包括：补丁的形状、位置、大小和数量的特点；缝补时针脚的起止点、大小、方向等；钉补丁时钉的密度、角度，钉帽的形状及相互关系等；多处补丁间的相互关系等。修补都是手工操作，随意性很大。所以，修补特征的特定性在足迹检验鉴定中有很高的利用价值。

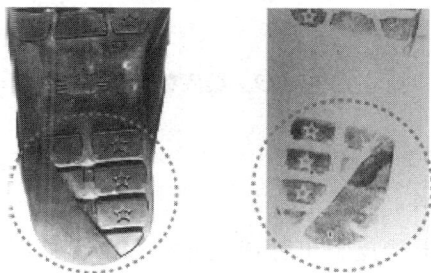

图 12 – 18　粘补特征

（七）标识鞋底花纹的类型

鞋底花纹的主要类型。（见图 12－19）

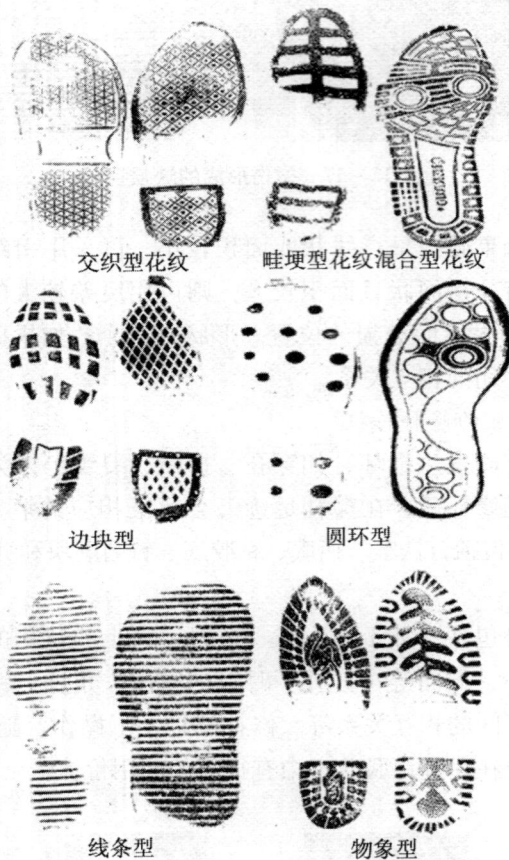

交织型花纹　　畦埂型花纹混合型花纹

边块型　　　　　　圆环型

线条型　　　　　　物象型

图 12－19　鞋底花纹类型

（八）标识鞋底的其他特征

1. 局部鞋帮及底周边侧面特征

在立体穿鞋足迹上能反映出鞋帮及底周边的侧面痕迹，如帮底的黏合处的位置、形状；帮上的破损及补丁的位置、形状、大小；鞋底的层数、厚度及围条接头的位置、大小、形状等。

2. 鞋底附着物特征

在鞋底上有时会留下一些较稳定的物质，如钉子、石块、泥土、沥青、油漆等物质，这些物质在鞋底上的位置、形状、大小及相互间的关系都是很好的特征，但稳定性差。

六、实训作业

1. 测量一枚穿鞋足迹的全长及各部位的宽度，并在足迹外标明测量的结果。

2. 对一枚穿鞋足迹进行仔细观察，标识出穿鞋足迹各部位的形状，并指出所属的特征类型。

步法特征的观察与标识

一、实训教学目标

1. 能正确测量成趟足迹中步幅特征。
2. 能识别行走各阶段中步态特征。
3. 能分析步态特征形成原因。
4. 能标识步态特征。

二、实训课时：2 课时。

三、实训内容

1. 测量一趟足迹中的步幅特征。
2. 标出一趟足迹中各阶段出现的步态特征。

四、实训设备及器材

成趟足迹场地、卷尺、铁钉、线、铁锹、扫帚等。

五、实验步骤与方法

（一）步幅特征的测量
步幅特征包括步长、步宽、步角。

1. 步长的测量

（1）按正常行走姿势走出一趟或多趟足迹。

（2）用一条两端系有铁钉的长线（一般为 3～5 米长）作同侧两相邻足迹内缘最凸点的切线，拉直并固定铁钉，即为该侧的足迹步行线。

（3）用尺子分别量取相邻的左右足迹内缘最凸点间沿左右步行线上的距离，即分别为左步长和右步长。（见图 13 – 1）

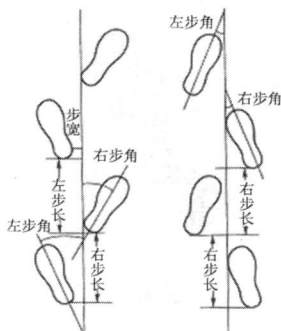

图 13 – 1

2. 步宽的测量

用尺子分别量取左右足迹内缘最凸点到对侧步行线的垂直距离，即分别为左步宽和右步宽。（见图 13 – 2）

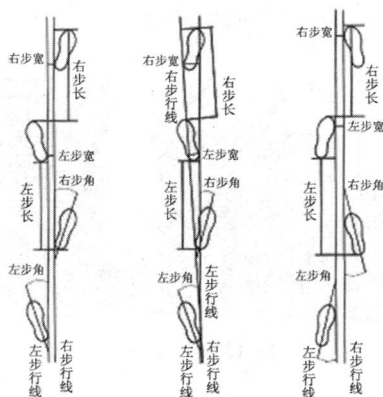

图 13 – 2

3. 步角的测量

（1）先确定足迹中心线，并与其同侧的步行线相交。

（2）用量角器分别量取左右足迹的中心线与其同侧步行线间的夹角，即为左步角和右步角。（见图 13 -3）

图 13 -3

（二）步态特征的标识

1. 落足特征

（1）踏痕。踏痕是人体行走落足时后跟向前下方移动形成的痕迹特征，位于足迹后跟后部。在较松软的地面，踏痕有所反映，痕迹的痕起缘为足迹的后边缘，呈弧形；痕止缘呈弧形或弓弦形；后跟的后半部有被碾压翘起的横条状或鱼鳞状土片裂纹，开口朝向后跟方向。（见图 13 -4）

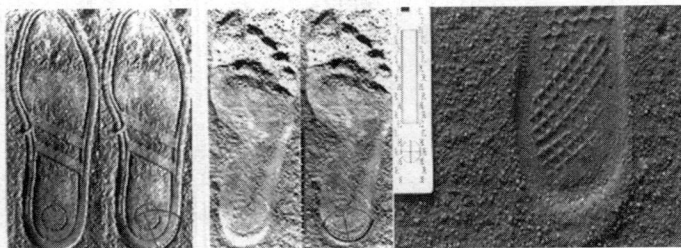

图 13 -4　踏痕

（2）磕痕。位于足迹后跟的后面。在较松软的地面，磕痕的痕底与痕壁呈直角，形成磕痕的足跟后方有堆土或喷土现象。（见图 13 -5）

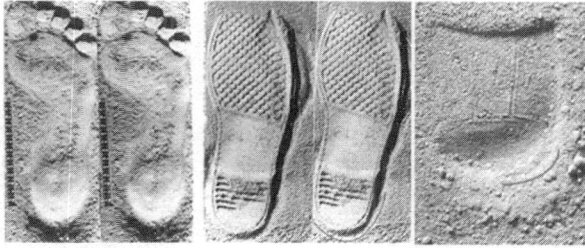

图 13 - 5　磕痕

（3）推痕。位于足迹跟内缘的内侧。形成推痕时，在后跟内侧有堆土现象。（见图 13 - 6）

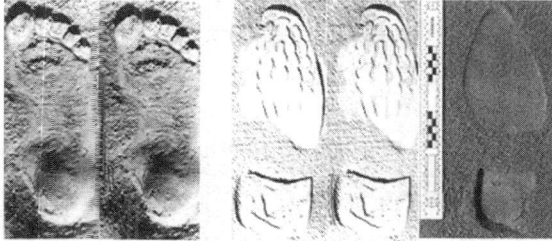

图 13 - 6　推痕

（4）跄痕。位于足迹的前掌及跟前缘附近。形成跄痕时，在足迹跟前缘有土粒前移现象，在足迹前掌部有向后开口的裂纹。（见图 13 - 7）

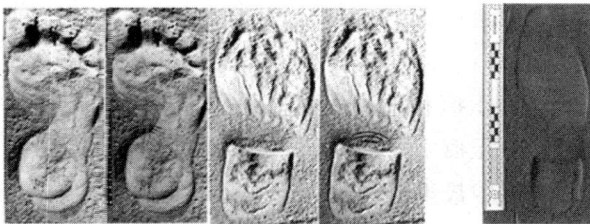

图 13 - 7　跄痕

（5）擦痕。落足时，由于落足低，后跟部位与地面接触向前作擦拭移动，在足迹后跟边沿以外形成的痕迹。年龄大、身体机能较弱、行走速度慢、身体后仰抱重物及小脚窄大鞋等易出现擦痕。（见图 13 - 8）

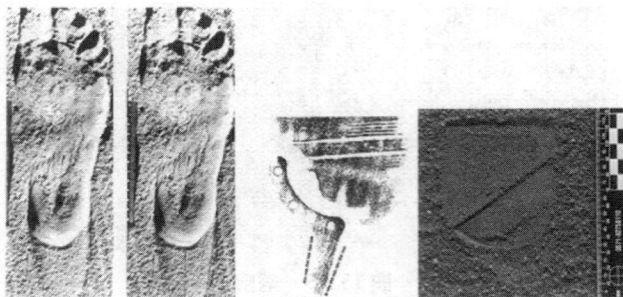

图 13 – 8　擦痕

2. 支撑特征

（1）压痕。压痕是支撑阶段的主体痕迹，它是足底因支撑体重对地面等承痕体的垂直挤压而形成的痕迹。压痕的大小、形状能反映人的体貌特征（见图 13 – 9）。

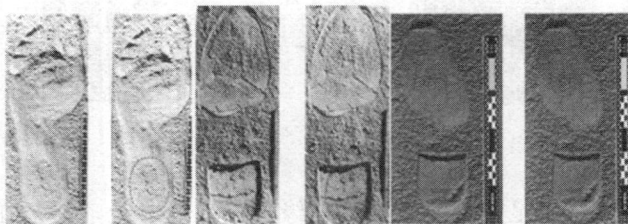

图 13 – 9　压痕

根据压痕出现在足迹中的具体部位，可划分为趾压痕、前掌压痕、弓压痕和跟压痕四类。

趾压痕：包括趾头压痕和趾节压痕。趾头压痕可出现圆形、椭圆形、三角形等各种形态，趾节压痕主要有方形、楔形、不规则形等。

前掌压痕：是压痕中最重要和最稳定的特征。常见的前掌压痕有横条形、斜条形、球形、不规则形等几种形状。

弓压痕：位于弓部，形状、位置较稳定、特殊。常见的弓压痕有弧形、长方形、三角形、断弓形等几种形状。

跟压痕：位置、形状具有稳定性和特殊性，能反映出力的作用点。按其所在的位置，跟压痕可分为跟中心压痕、跟偏外侧压痕、跟偏内侧压痕和跟全压痕等几种。

压痕在松软地面上常以不同深浅的凹陷痕迹反映出来，并通过受力部位物质颗粒的粗细、松密、虚实和物质的干湿、增减、光泽、动静等变化，反映出是重压、轻压还是仅为接触。

（2）坐痕。位于足迹跟后缘。在立体足迹中，坐痕能反映出双重的后跟。（见图 13 - 10）

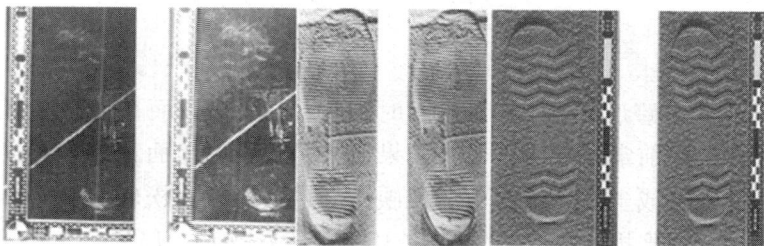

图 13 - 10　坐痕

（3）迫痕。位于足迹的外缘或内缘。迫痕分为内迫痕和外迫痕两种。在松软地面上，迫痕能反映出鞋帮印痕或鞋围条的痕迹。一般情况下，外迫痕的出现率比内迫痕的出现率高。（见图 13 - 11）

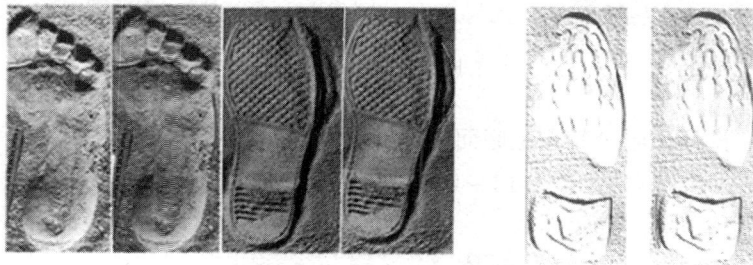

图 13 - 11　迫痕

（4）拧痕。位于足迹的掌外侧和跟内侧。拧痕在松软地面上反应明显，在前掌外侧和后跟内侧会出现堆土现象，前掌或后跟花纹会出现变形。（见图 13 - 12）

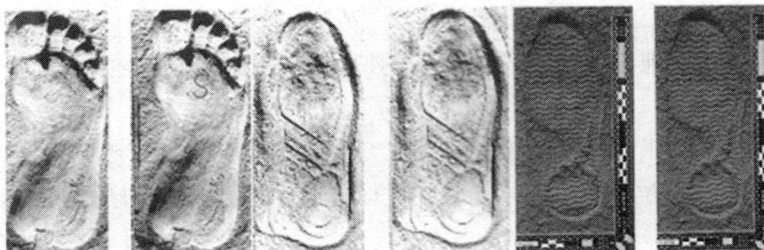

图 13 - 12　拧痕

3. 起足特征

（1）蹬痕。蹬痕是后跟离开地面时，前掌向后用力而在地面上形成的痕迹，位于足迹的前掌及前尖部位。如果遗留在较硬的地面，前掌部位向后移动的沙砾、石子或土块即为蹬痕的反映；如果遗留在较松软的地面，前掌部位向后的堆土或聚拢的斜坡即为蹬痕的反映。（见图 13 - 13）

图 13 - 13　蹬痕

（2）挖痕。起足时，足底面与地面成 60 度角左右，足趾用力向后下方挖动地面形成的痕迹。（见图 13 - 14）

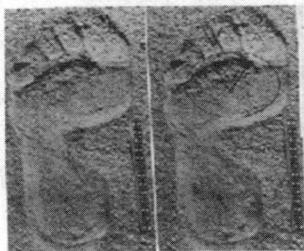

图 13 - 14　挖痕

（3）抠痕。起足时，足底面与地面成 75 度角左右，趾尖向后下方抠压地面形成的痕迹。（见图 13 - 15）

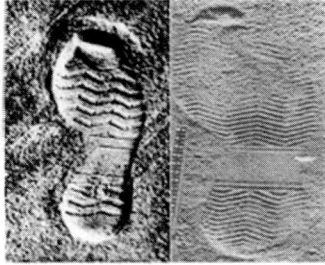

图 13 - 15　抠痕

（4）抬痕。位于足弓部外侧及前掌后部，呈麻沙状的隆起。其中，前掌部位的抬痕较足弓及后跟部位的抬痕面积大，多呈星芒状。（见图 13 - 16）

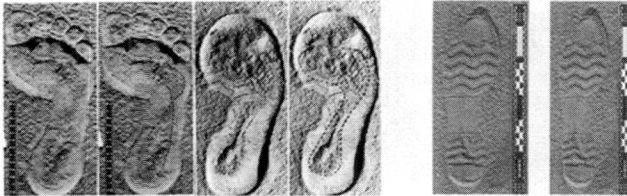

图 13 - 16　抬痕

（5）挑痕。位于足迹前缘的前面。痕迹的起缘在足迹的前缘，呈弧形，止缘呈尖角形。（见图 13 - 17）

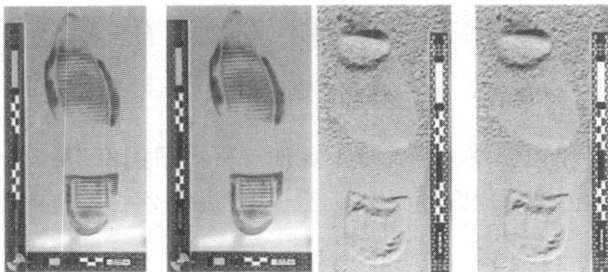

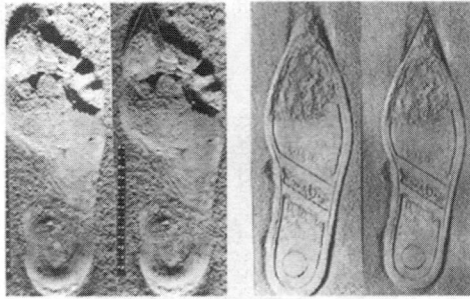

图 13 – 17　挑痕

（6）耘痕。位于足迹前缘的前面，痕迹呈犁沟状的缺口。耘痕与挑痕形成的机理是一样的，只是对承痕体表面的破坏程度不同，在一定条件下两者可以相互转化。（见图 13 – 18）

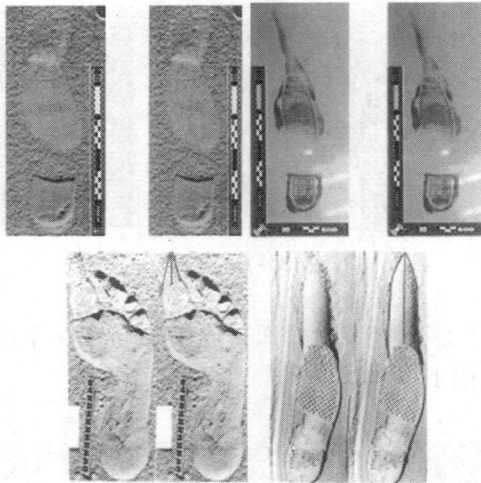

图 13 – 18　耘痕

（7）划痕。是由于膝、踝关节不灵便或下肢肌肉麻痹，在行走时，足尖离地的同时向内侧擦划地面形成的痕迹，位于足迹前缘的前内侧，呈线条状。（见图 13 – 19）

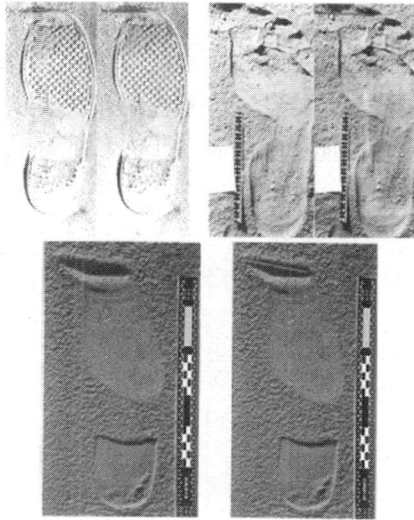

图 13 - 19　划痕

（8）扫痕。是由于下肢髋关节不灵便或臀肌有麻痹症，在行走时，足尖离地前，前掌内侧向内前方扫擦地面形成的痕迹，呈宽条形。（见图 13 - 20）

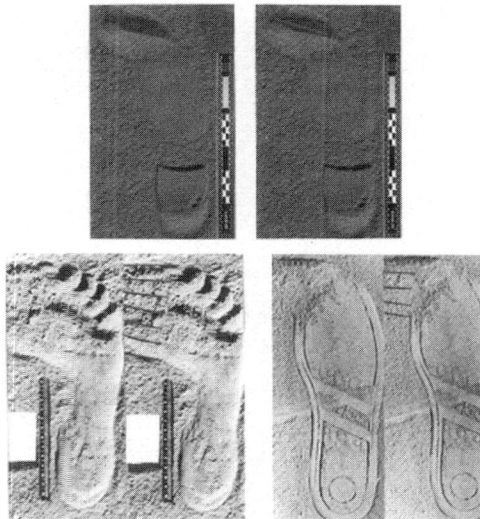

图 13 - 20　扫痕

六、实训作业

1. 标识出一趟足迹的步幅特征，分别注明步长、步宽及步角的测量数据。
2. 标识出一趟足迹中可能出现的各种步态特征。

実訓項目十四
足迹的提取

一、实训教学目标

1. 能使用静电吸附器提取平面粉尘足迹。
2. 能用石膏粉提取立体足迹。

二、实训课时：2 课时。

三、实训内容

1. 用静电吸附器提取一枚平面加层足迹。
2. 用石膏粉提取一枚完整足迹。

四、实训设备及器材

静电吸附器、静电薄膜。石膏粉 1000 克、广口容器（可用脸盆代替）、骨架 2 只、铁质围墙 1 个（也可就地取材用土制作）、标签、镊子、清水 1000 毫克。

图 14 - 1

五、实训步骤与方法

（一）静电吸附器提取法

（1）选取一组成趟足迹。

（2）将充好电的自由放电式静电发生仪取出，用手按压"静电"按钮，前面电极上如果发出"吱吱"响声，即表示有电，响声越大，电越足。

（3）取出静电薄膜，黑色面朝向足迹，将静电膜卷紧、放好。（见图14-2）

图 14-2

（4）将已经产生电压的静电发生仪电极的一侧对准镀镍面，此时，静电通过镀镍面传导到整个薄膜上，静电薄膜自动打开，紧贴地面。（见图14-3）

图 14-3

（5）待静电膜紧贴地面完全展开，用放电锤接触金属膜，使静电膜放电。（见图14－4）

图 14 － 4

（6）将薄膜反转即可观察到足迹。（见图14－5）

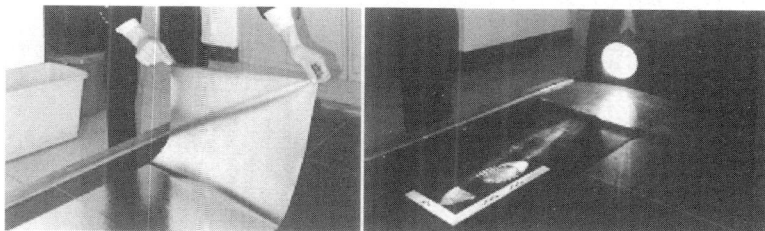

图 14 － 5

（二）石膏粉制模法

石膏制模提取普通土地面上的立体足迹的操作过程是由踩足迹、制模准备工作、调灌石膏液、模型处理四部分组成。

1．踩足迹

在室外松软土地面上，实训学员赤足、穿鞋正常行走，踩出二趟足迹。分别在二趟足迹中选择一个反映清晰的足迹作为实验足迹。

2．制模前的准备二作

（1）筑围墙。对已拍照固定的立体足迹，用铁质围墙套住待制模的足迹，用泥土在待制模的足迹周围堆起3～4厘米高的围墙，以防止灌注石膏液时外溢（见图14－6）。做围墙时必须注意，不要破坏足迹形态，特别是起落足的延伸部位的痕迹也应在围墙内。做围墙的动作要小而轻，围墙离足迹边缘在2

厘米以上，以免压迫足迹导致变形。

图 14-6

（2）清理足迹内的杂物。在形成足迹后，可能有泥丸、沙石、树叶、草叶、纸屑等物滚入，掉落在足迹表面，也可能由于降雨、渗水在足迹表面形成积水。在不损坏足迹特征的前提下，可分别用镊子、洗耳球、黏性软物或吸水纸等，小心地将杂物取出，将水吸尽。

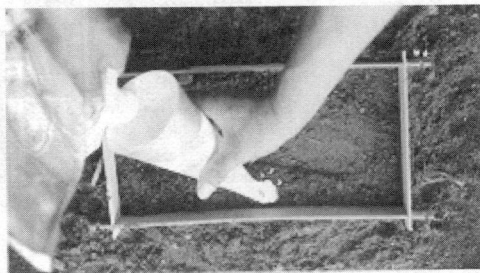

图 14-7

（3）准备制模器材。制作石膏模型所需的器材主要有：石膏粉、清水、广口器皿、标签、骨架。骨架可就地取材，选用干树枝、竹片、铁丝等，但骨架长度不能大于足迹长，骨架的重量不能太大以防沉底破坏特征，骨架不能用新鲜树枝，以防树枝干燥后收缩产生的内应力引起石膏模型的破裂。

2. 调灌石膏液

（1）调制石膏液

第一，直接调制法。直接调制法是先将灌制一个石膏模型所需 300 毫升清水盛在广口器皿中，然后一边均匀地将所需 500 克石膏粉撒入水一边用木条等工具沿容器底面匀速搅切，速度不可太慢，也不能太快，以免出现凝固或出现气泡影响细节特征（见图14－8），勘查中一般用此法调制石膏液。

图14－8

第二，浸泡法。浸泡法是将所需量清水盛入容器，均匀撒入所需的石膏粉，让其自然溶解、自然沉淀、自然饱和；5~10分钟后，根据所需石膏液浓度，增减表层的水量，一般保持在1~1.5毫米深水面，均匀搅拌便可用于制模。此法调制出的石膏液流动性差，不用围墙便可在斜坡上提取足迹，但石膏液凝固速度较慢。

（2）灌注石膏液

选择足迹最低处，紧贴足迹将调好的石膏液缓慢倒出，同时用手或竹、木片阻挡水头，以减弱水头对足迹的冲击（见图14－9）。随着石膏液面的增多，液面逐渐充满整个足迹表面，当足迹最高处石膏液厚1厘米左右时，将备好的标签绳套在骨架上，并将2~3根骨架沿足迹纵向平稳地漯放在液面上，注意避免骨架漂浮。然后尽快灌注第二层石膏液，此时石膏液可能浓一些，但不能超过自流状态，否则石膏模型不结实且表面不光滑、平整、美观。

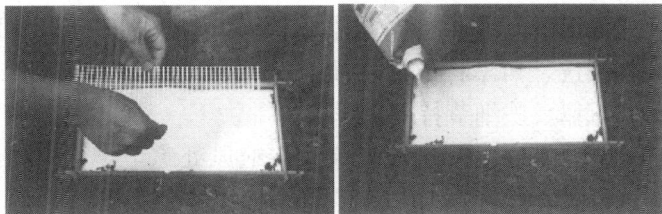

图14－9

3. 模型的处置

（1）取模。灌注石膏液 10 分钟后，石膏表面开始硬化，如果没有模型标签，可用铁钉或小棍在模型表面注明案情如时间、地点、案由和编号等。灌流 15～20 分钟后，石膏液全面凝固，为判断石膏液是否凝固，可用食指在石膏表面按压一下，若无渗水，说明已基本凝固，可以取模。

取模时，先拆除围墙，再将模型周围泥土挖掏开，双手从足迹内外侧下方伸入，使双手能较大面积地托住模型，均匀向上用力，便可捧出模型，同时，顺势将模型翻转过来使花纹面向上。将取出的模型放在通风处晾，等待进行下一步处理。（见图 14－10）

图 14－10

（2）冲洗。晾干模型上黏附着许多泥土，可一手托模型，一手以指肚贴近模型表面，沿切线方向细心地除掉泥土，不可用指甲抠挖，也不可硬性去掉黏附牢固的诸如石块、木棍等物。然后可用水进一步冲洗。如果有宽水面，可用双手托模型在水中左右来回摆动冲洗，也可一手托着模型，一手浇水冲洗，或者用自来水冲洗，但水头应轻缓。无论用哪种冲洗法，切忌用刷子、指甲或其他硬物刮洗，切忌将模型表面洗得发白，否则必将破坏足迹特征或使足迹反差小，难以反映细节特征。

（3）晾干、包装。冲洗后的模型应放在通风处晾干，不应高温烘干，否则易碎。晾干后的模型应妥善加以保存，严防碰撞、掉落、摩擦，避免造成断裂、破碎，损坏特征。在运送时，必须用木箱、棉絮进行妥善包装，做到既不互撞，也不碰箱，以防导致支离破碎。

六、注意事项

（1）使用吸附器提取足迹，适用于干燥的承痕体与粉尘足迹，且用后应及时放电，以免静电电击人体。取痕迹时，塑料薄膜应与地面紧密贴合，同时不要挪动塑料薄膜，以防止破坏地面足迹。

（2）灌制石膏模型时，必须一次灌制一枚足迹，一次调制了大量石膏液，不但不能保证质量，也不能加快速度，同时还浪费大量石膏粉。

（3）在灌注石膏液时，如果石膏液较稠超过自流状态，切不可往石膏液中加水以图稀释，否则，石膏模型很难晾干且硬度不够易损坏。

（4）爱护设施、保持清洁。严禁在室内冲洗模型，防止泥沙堵塞下水道和污染环境。应在指定地点清洗，将废水、残渣或残废模型及时清理、砸掉、掩埋。

七、实验作业

1. 将用静电吸附器提取好的足迹交给老师检查。
2. 交一枚石膏足迹模型。

一、实训教学目标

1. 能利用赤足足迹分析身高。
2. 能利用单个穿鞋足迹推算身高。

二、实训课时：2课时。

三、实训内容

1. 观察、测量单个赤足及穿鞋足迹的长宽等结构特征及步法特征，运用公式推算。
2. 观察、测量成趟赤足及穿鞋足迹的步法特征，运用公式推算。

四、实训设备及器材

场地全部设施、足迹样本、足迹测算尺、米尺。

五、实训步骤与方法

（一）分析身高

1. 根据单个赤足足迹推算身高

（1）赤足平面足迹主要是足底面能留下痕迹，平面赤足印长略小于赤足

长。(见图 15 – 1)

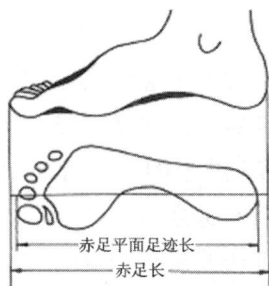

图 15 – 1

（2）赤足立体足迹，不仅是足底面而且跟后侧和趾尖都能留下痕迹，这样，足迹全长就略大于赤足的实长。(见图 15 – 2)

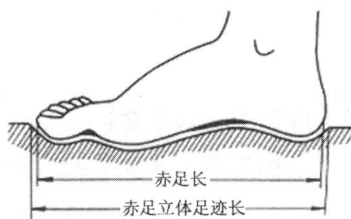

图 15 – 2

利用用身高与赤足长的比值系数 6.876，根据现场赤足足迹长计算身高：

公式 1：
身高 H = 赤足长 ×6.876
身高 H = 赤足长（厘米）×7 – 3
公式 2：
身高 H =（L1 – △L1）×6.876
公式 3：
身高 H =（L2 – △L2）×6.876

L1 为赤足平面足迹长，△L1 赤足长与赤足平面足迹长的长度误差；L2 为赤足立体足迹长，△L2 为赤足立体足迹长与赤足长的长度误差（单位均为 cm）。

2. 根据单个穿鞋足迹推算身高

用此法推算身高时，首先了解各种机制鞋的大小与全国统一鞋号的关系，以及鞋号与鞋痕长的关系。

全国统一鞋号，统一鞋号是按足的长度（厘米）确定鞋号，1 厘米为一个号，0.5 厘米为半个号，用 24、24、25、25、26……表示，足长多少厘米，鞋号即为多少号，如赤足长 25 厘米的人，就穿 25 号鞋。因此，分析出现场足迹的鞋号，便可依据鞋号推断身高。

鞋内长必须大于脚长，即还要留有"放余量"。所谓内外差，是指鞋内长与鞋外底长之差（见图 15 - 3），鞋种不同的鞋，内外差 + 放余量不同，大上底单皮鞋为 3 ~ 4 厘米，模压底单皮鞋为 2 ~ 3 厘米，大上底棉皮鞋为 4 ~ 6 厘米，模压底棉皮鞋为 3 ~ 4 厘米，解放鞋为 2.5 厘米，布底布鞋为 2 ~ 3 厘米，塑料底布鞋为 2 ~ 3 厘米，网球鞋为 2.5 厘米；半高跟皮鞋为 0.5 ~ 1.5 厘米；雨鞋为 2.5 ~ 3.5 厘米。

赤足长 = 鞋号

赤足长 = 鞋外底长 - （内外差 + 放余量）

身高 H = ［鞋外底长 - （内外差 + 放余量）］×6.876（单位厘米）

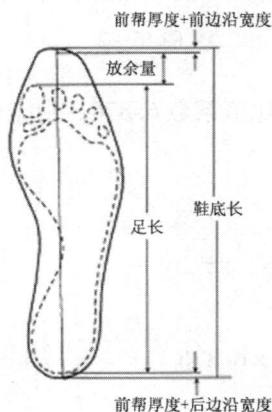

图 15 - 3

3. 根据成趟足迹推算身高法

可根据单个足迹的长短，测量出一个单步的长度，再分别加上足迹长度的 1/3、1/2、2/3，即是大、中、小个身高的接近数。

175 厘米以上高个人：身高 = 单步长 + 1/3 足迹长；

165～175 厘米中等个人：身高 = 单步长 + 1/2 足迹长；

165 厘米以下矮个人：身高 = 单步长 + 2/3 足迹长。

（二）分析年龄

人体各运动器官的形态、机能及整体协调性随着人年龄的增长在不断变化，这种变化遵循的规律，一定时期内具有相对稳定性，并能够通过行走运动所留足迹特征反映出来，为分析遗留足迹者的年龄提供依据。

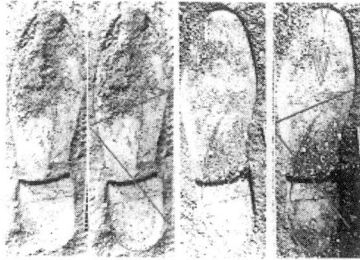

29 岁男性穿鞋立体足迹及石膏足迹

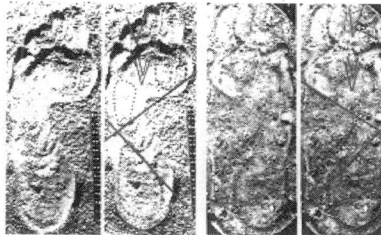

39 岁男性穿鞋立体足迹及石膏足迹

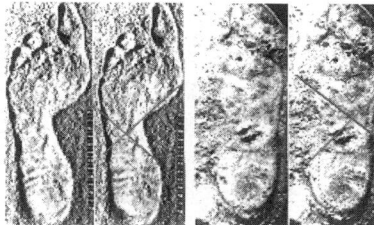

49 岁男性穿鞋立体足迹及石膏足迹

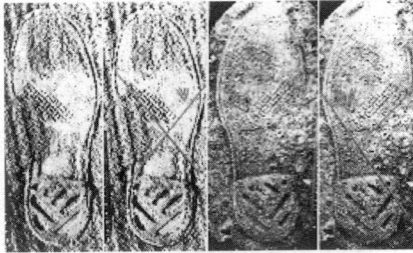

59 岁男性穿鞋立体足迹及石膏足迹

年龄 = OA × 10　　　　年龄 = OB × 10

OA、OB 的单位为：cm

 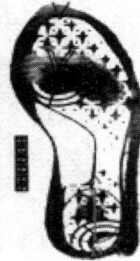

年龄 = AB × 5　　　　AB 的单位为 cm

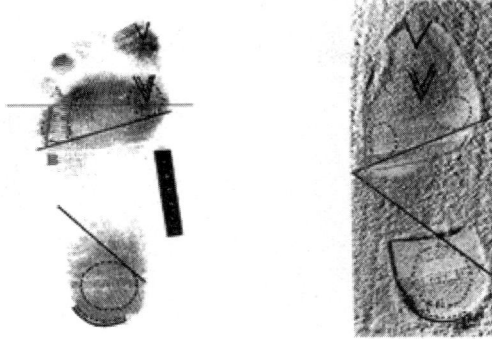

年龄 = AB × 7   AB 的单位为 cm

图 15 - 4

六、注意事项

1. 应全面、具体考虑造痕体、承痕体、作用力、作用方式等多种因素，综合分析。

2. 以步幅分析身高时主要结合现场条件、地形地物综合分析。

七、实训作业

对前面捺印的足迹样本进行测量，用所学的公式推算留痕人的年龄。

一、实训教学目标

1. 能利用用 Microsoft Office Publisher 制作特征比对表。
2. 能制作足迹鉴定意见书。

二、实训课时：2 课时。

三、实训内容

1. 立体赤足足迹的鉴定。
2. 平面赤足足迹的鉴定。
3. 穿鞋足迹的鉴定。

四、实训设备及器材

体视显微镜、比较显微镜、电脑、分规、直尺、放大镜、量角器、彩笔、铅笔、捺印盒（箱）、透明片、玻璃板等复印标识物品。

五、实训步骤与方法

（一）赤足足迹检验可利用的特征

1. 种类特征

（1）长宽特征。

（2）足弓的类型，脚趾的排列、分布类型。

（3）足底各边缘的总体类型。

（4）足底各区域乳突纹线的总体特点。

（5）皱纹、脱皮等总体类型。

（6）成趟足迹反映出的步长、步宽、步角特征以及运脚方式特征。

（7）成趟足迹反映出的步态特征的类型。

2. 个别特征

（1）足型特征中的趾的形态、分布关系，趾间区、趾节区的具体形态。

（2）脚掌、足跟各边缘的具体形态。

（3）足底反映出的乳突纹线的细节特征。

（4）足底反映出的伤疤、鸡眼、脱皮、褶皱纹等表面形象特征的具体形态。

（5）步法特征中的蹬、踏、压痕的具体形状、部位。

（6）步法特征中伴生痕迹的具体形态以及与主体痕迹之间的关系等。

（二）穿鞋足迹鉴定中可利用的特征

1. 种类特征

主要有鞋形结构、原料特点、花纹种类、大小尺寸、总体形状等。

2. 个别特征

主要有冲切底鞋的边缘花纹形态，商标、厂号、鞋号的位置、形态；围条、大牙子的粘贴方式；襻孔的方位、形态；生产过程中的花纹变形、模糊；模压或注压底鞋的缏线针脚、走料痕、冷却凹陷、削边整形的特征；皮底或布底鞋的针脚、裁切、表面凸凹、接头、跳线等特征；修补方式与形态；附着物的方位与形态；穿用形成的局部磨损形态。

（三）赤足平面足迹的检验

1. 审查检材

除按照常规了解相关情况外，要特别注意了解足迹的提取方法，确定左右脚迹。通常送检的足迹以足迹照片为多，有的是现场足迹直接拍照，有的是对静提取或粘取的足迹拍照，由于拍照客体不同，所以一定要弄清足位。对于样本足迹要弄清是静态捺印还是行走捺印。

2. 分别检验

（1）足迹边缘形象轮廓的描画。对于清楚的赤足平面足迹，其边缘清楚、容易描画。对于轮廓周边反映不清的足迹，可用透明薄片盖在现场足迹的照片上，用玻璃铅笔或软尖的书写笔，从足迹的一端或最清楚的部位开始描画足迹轮廓形象。需要注意的是，由于足底的弹性，每次形成足迹时其足底的轮廓不可能完全一致，在进行比对时也不可能完全重合，应有一定的变化范围，所以，提供一定数量的现场足迹和样本足迹是十分必要的。

（2）内部特征的标记。在描绘足迹周边特征后，还要进一步寻找足底力的特征，即足底的密度等特征以及乳突纹线、脱皮、鸡眼等足底表面形象特征。在透明薄片描绘周边轮廓特征同时，将足迹反映出的密度、表面形象特征的形状、位置等标记下来，并运用坐标进行相关数据的测量。

3. 比对检验

将描绘好的现场足迹的透明薄片与样本足迹进行重合比对，也可以与描绘好的样本足迹透明薄片进行叠加比对，观察重合情况，找出特征的符合点与差异。一般用红笔标出符合点，蓝笔标出差异点。

4. 综合评断，得出结论

对发现的符合点与差异点进行综合评断，尤其是差异点必须得出合理解释，否则，便作出否定结论。

5. 制作鉴定意见书

对于认定的结论，需要制作鉴定意见书。

（四）赤足立体足迹的检验

（1）分别检验用透明薄膜放在足迹模型上，先描绘出足迹轮廓，在分别描绘足后跟、足弓、掌及五趾的轮廓形象，显示出足底整体及各部的形象特征；然后分别用等高线法标记出足底的突出部位，显示出足底的行走动力特征；最后，结合模型进行数据测量。

（2）比对检验一般采用透明薄膜与模型相互结合的方法进行比对。在比对过程中，应充分考虑现场环境、条件以及提取的方法等对足迹特征的影响。

（3）综合评断，得出结论。

（4）制作鉴定意见书。

（五）穿鞋平面足迹的检验

1. 分别检验

先检验现场鞋印后检验样本鞋印。

（1）观察足迹的花纹特点，用直尺和分规测量足迹的长短和各部位的宽度。

（2）仔细寻找细节特征。寻找的方法主要有：①从点到面逐步扩展法；②重点到一般。③先易后难等。

（3）确立样本的特征进行固定的方法。①绘制示意图。将发现和确定的现场与样本足迹的特征，按照方位、形状、流向、大小及相互关系在白纸上描绘下来，并将不同特征用不同颜色笔标出。②利用透明片固定。将透明胶片或玻璃片盖在现场与样本足迹上，用彩笔将已经发现和确定的特征描绘下来。③在足迹照片上作标记。在对现场和样本足迹进行比对时，每发现一个特征，就用不同彩笔标识，通常画出区域范围即可。

2. 比对检验

（1）直观对照法。直接观察比对现场足迹与样本足迹特征的方位、范围、数量、面积、局部形态、角度、大小等。对所确定的符合点与差异点应采用不同色彩笔，按顺时针方向或从左到右，由上到下的方向加以标识和编号。在标识时，应根据特征形态及面积大小采用不同方法进行。主要有以下两种：引线编号法（对如乳突纹线、针脚等细小特征，采用直接引线编号法）和虚实线标识法（对于面积较大或长宽较大的特征如磨损面、压力面、破损画面、附着物、鸡眼等采用虚实线标识法。对特征的形状在边缘上用虚线标识，注意要靠近边缘，但不要贴紧，而对特征的角度或距离采用实线）。

（2）方位比对法。主要有直角坐标法（首先，在足迹上确定直角坐标系：在足迹上寻找、确定两个纵向排列的明显、特殊、稳定的特征点，连接两点直线作 y 轴，通过两特征点之一作 y 轴，垂线为 x 轴，然后分别将现场和样本已经发现和确定的特征的方位用直角坐标加以确定。在比对方位的同时还要比对特征的面积和形状，可在透明片上制作直角坐标网络即方格分析片）和极坐标法（在足迹上寻找一个明显、特殊、稳定的特征点，过此点作足迹中心线的垂线，将交点作为极点，在极坐标下进行比对）。

除了上述方法外，还有画线构图、特征重合法以及线条接合法等。学员可根据情况自行选择比对方法。

3. 综合评断，得出结论。

4. 制作鉴定意见书。

六、实训作业

对提供案例材料进行认真分析，寻找、发现和利用特征，判断检材和样本是否出自同一客体。

附鉴定意见书：

×××公安局物证鉴定所

足迹鉴定书

×××公（物）鉴（痕）字 ［20××］×号

一、绪论

一、委托单位： ×××市××区公安分局刑警大队

二、送 检 人： ×××、×××

三、受理日期： 20××年××月××日

四、案情摘要： 20××年11月30日，××市××区解放路355号16栋201房发生一起盗窃案，价值5万余元的财物被盗走。

五、检材和样本

检材和样本均为电子图像，数量、部位如下：

（一）检材

1. 现场地面拍照提取的灰尘鞋印1枚，标识为：XC1；

2. 现场地面拍照提取的灰尘鞋印1枚，标识为：XC2。

（二）样本

1. XY1 穿左右鞋制作的油墨捺印鞋印样本 2 枚（拍照提取），分别标识为：YB1（左脚）、YB2（右脚）。

2. XY2 穿左右鞋制作的油墨捺印鞋印样本 2 枚（拍照提取），分别标识为：YB3（左脚）、YB4（右脚）。

3. XY3 穿左右鞋制作的油墨捺印鞋印样本 2 枚（拍照提取），分别标识为：YB5（左脚）、YB6（右脚）。

4. XY4 穿左右鞋制作的油墨捺印鞋印样本 2 枚（拍照提取），分别标识为：YB7（左脚）、YB8（右脚）。

六、鉴定要求

XC1、XC2 与 YB1、YB2、YB3、YB4、YB5、YB6、YB7、YB8 是否为同一只鞋所留。

七、检验开始日期：2015 年 12 月 18 日。

八、检验地点：ZC072－443 公安局物证鉴定所痕迹检验实验室。

二、检验

检验按照公安部物证鉴定中心作业指导书《鞋印形象特征检验方法》（方法编号：IFSC 06－01－02－2006）进行。

初步观察发现，现场提取的 XC1 号鞋印与犯罪嫌疑人 XY3 左鞋样本鞋印 YB5 的鞋底花纹类型、鞋底花纹边缘的流向相符，细节特征位置、形态基本对应；现场提取的 XC2 号鞋印与犯罪嫌疑人 XY1、XY2、XY3、XY4 右鞋样本鞋印 YB2、YB4、YB6、YB8 的鞋底花纹类型、鞋底花纹边缘的流向相符，但细节特征位置、形态均不对应。

送检的 XC1 号现场鞋印为现场地面拍照提取的灰尘左脚平面鞋印。XC1 号鞋印全长 28.58cm，前掌宽 10.42cm，跟宽 6.84cm，鞋印前掌为六边形实心圆点状花纹，跟区均为点块型花纹。犯罪嫌疑人 XY3 左鞋样本鞋印 YB5 全长 28.58cm，前掌宽 10.42cm，跟宽 6.84cm，鞋印前掌为六边形实心圆点状花纹，弓区为圆点状花纹，跟区为点块型花纹。

送检的 XC2 号现场鞋印为现场地面拍照提取的灰尘右脚平面鞋印。XC2 号鞋印全长 28.12cm，前掌宽 9.98cm，跟宽 6.38cm，鞋印前掌为六边形实心圆点状花纹，弓区为圆点状花纹，跟区为点块型花纹。犯罪嫌疑人 XY1 右鞋样本鞋印 YB2 全长 27.94cm，前掌宽 10.16cm，跟宽 6.82cm，鞋印前掌为六边形实心圆点状花纹，弓区为圆点状花纹，跟区为点块型花纹。犯罪嫌疑人 XY2 右鞋样本鞋印 YB4 全长 28.26cm，前掌宽 9.94cm，跟宽 6.48cm，鞋印前掌为六边形实心圆点状花纹，弓区为圆点状花纹，跟区为点块型花纹。犯罪嫌疑人 XY3 右鞋样本鞋印 YB6 全长 27.94cm，前掌宽 10.54cm，跟宽 7.08cm，鞋印前掌为六边形实心圆点状花纹，弓区为圆点状花纹，跟区为点块型花纹。犯罪嫌疑人 XY4 右鞋样本鞋印 YB8 全长 29.02cm，前掌宽 9.94cm，跟宽 6.82cm，鞋印前掌为六边形实心圆点状花纹，弓区为圆点状花纹，跟区为点块型花纹。

进一步比较检验，在 XC1 号鞋印上选取 A、B、C 三点，测量三点间的距离 AB 为 9.36cm、AC 为 17.34cm、BC 为 11.08cm。在犯罪嫌疑人 XY3 左鞋样本鞋印 YB5 上选取与现场鞋印 A、B、C 相对应的 D、E、F 三点，测量三点间的距离 DE 为 9.36cm、DF 为 17.34cm、EF 为 11.08cm。经比较检验发现，现场鞋印 XC1 与犯罪嫌疑人 XY3 左鞋样本鞋印 YB5 所反映出鞋的随机形态特征和穿用特征在 1、2、3、4、5、6 共 6 处特征点上反映一致。（详见特征比对照片）

XC2 号检材鞋印与犯罪嫌疑人 XY1、XY2、XY3、XY4 右鞋样本鞋印 YB2、YB4、YB6、YB8 所反映出鞋的随机形态特征和穿用特征均不一致。

三、论证

受生产制造、使用、维护保存等因素的影响，造成每只（双）鞋的花纹结构、制作工艺、修补和缺损特征有异，且能在鞋印上加以反映，根据同一认定理论，可以鉴别鞋种和个体。经比对检验，送检的 XC1 号现场足迹与犯罪嫌疑人 XY3 的左鞋样本鞋印 YB5 的鞋底花纹类型、鞋印全长、鞋底花纹边缘的流向和距离相符，相同的随机形态特征和穿用特征及相互关系反映了遗留鞋印鞋只的特殊本质，为其他鞋所不能重复出现，构成同一认定的条件。送检的 XC2 号现场足迹与犯罪嫌疑人 XY1、XY2、XY3、XY4 右鞋样本鞋印 YB2、YB4、YB6、YB8 所反映出鞋的随机形态特征和穿用特征之差异为本质性差异。

四、鉴定意见

1. 送检的现场提取 XC1 号足迹与犯罪嫌疑人 XY3 的左鞋样本鞋印 YB5 为同一鞋所留。

2. 送检的现场提取 XC2 号足迹与犯罪嫌疑人 XY1、XY2、XY3、XY4 的右鞋样本鞋印 YB2、YB4、YB6、YB8 均不为同一鞋所留。

附件：送检检材足迹与送检样本足迹 0.5 倍照片、特征比对照片各一份。

鉴定人：痕迹检验高级工程师×××
痕迹检验高级工程师×××
授权签字人：痕迹检验高级工程师×××
二〇××年××月××日

附件：

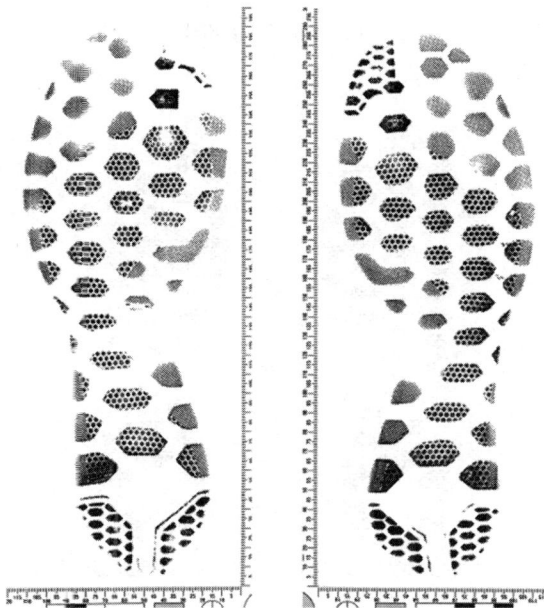

XC1 0.5倍照片　　　　　XC2 0.5倍照片

XC1、XC2 0.5倍照片

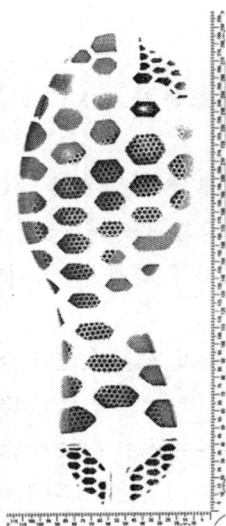 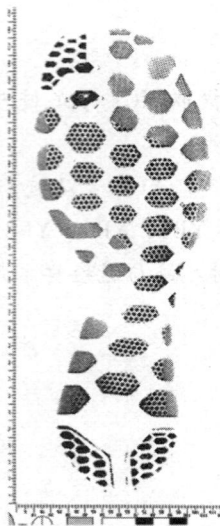

YB1 0.5倍照片   YB2 0.5倍照片

YB1、YB2 0.5倍照片

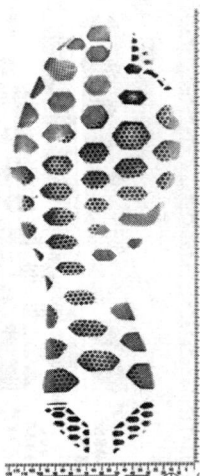 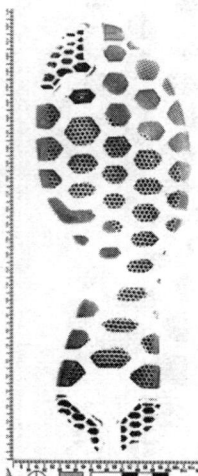

YB3 0.5倍照片   YB4 0.5倍照片

YB3、YB4 0.5倍照片

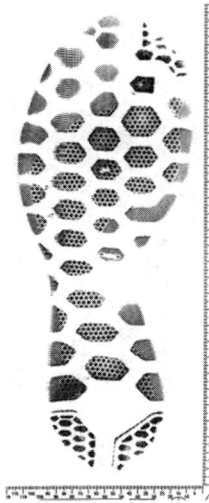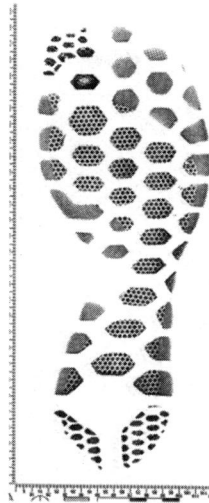

YB5　0.5倍照片　　　　　　　YB6　0.5倍照片

YB5、YB6 0.5倍照片

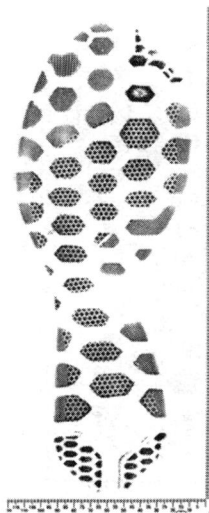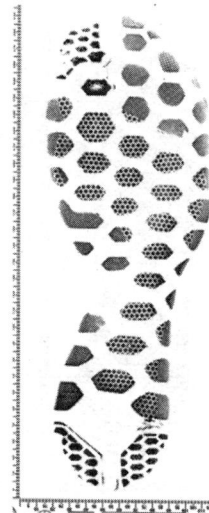

YB7　0.5倍照片　　　　　　　YB8　0.5倍照片

YB7、YB8 0.5倍照片

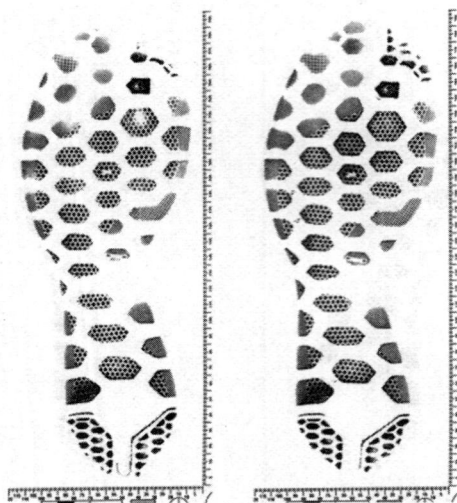

XC1 0.5倍照片   YB5 0.5倍照片

XC1、YB5 0.5倍照片

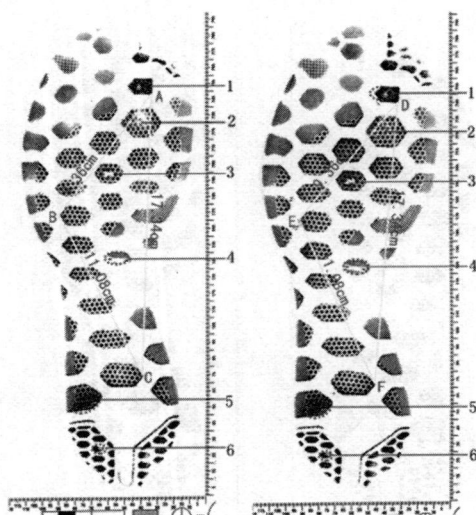

XC1   YB5

特征比对照片

凹陷状工具痕迹的观察与标识

一、实训教学目标

1. 能识记不同方式的撬压和打击形成痕迹的特点。
2. 能规范标识常见撬压工具、打击工具形成的痕迹特征。

二、实训课时：2 课时。

三、实训内容

1. 观察不同方式下形成的撬压痕迹并描绘其主要特征。
2. 观察不同方式下形成的打击痕迹并描绘其主要特征。

四、实训设备及器材

1. 螺丝刀、家用剪、钢丝钳、六棱锤、钳工锤、铁斧等。
2. 木板、钉子、挂锁、锁扣、锁鼻、铁丝。
3. 电脑、体视显微镜、分规、直尺、铅笔、量角器。

五、实训步骤及与方法

（一）认知凹陷状工具痕迹的接触状态、形成过程及性质、结构、特征等
　　　　有关内容

1. 凹陷状工具痕迹的定义

被破坏客体与工具在印压接触状态下而产生的变形所形成的痕迹。

2. 性质

痕迹以凸凹坑丘的形态反映工具接触部位的特征，痕迹与工具的凸凹像
相反。

3. 结构（见图 17-1）

痕起缘：初始阶段工具轮廓线与被破坏客体表面的交线。

痕止缘：终止形成痕迹时工具轮廓线与被破坏客体表面的交线。

痕壁：痕起缘与痕止缘中间的部位。

痕底：终止形痕时，工具接触部位印压的地方。

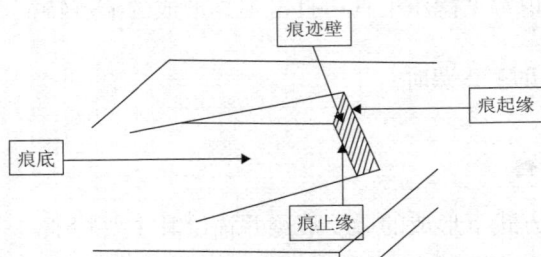

图 17-1　凹陷状工具痕迹的结构

4. 特征

（1）种类特征：压痕的轮廓、形状。

（2）个别特征：凸凹坑丘的具体位置、结构、形态、大小、间距等。

（3）质量特征：稳定、稀有、明显的凸凹坑丘。（见图 17-2）

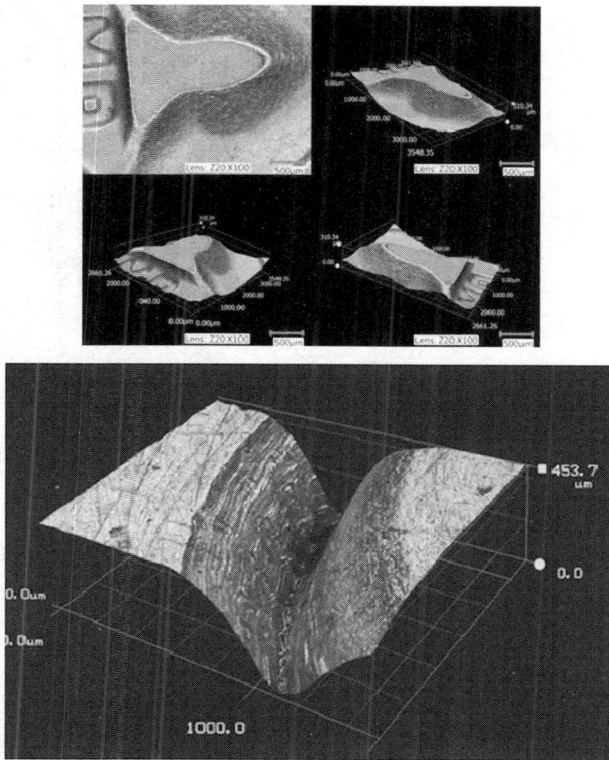

图 17 - 2　凹陷状痕迹中的凸凹坑丘

（二）撬压痕迹的实训操作

撬压痕迹是案犯持工具利用杠杆原理破坏客体时，在承受客体的接触部位所产生的变形。

1. 制作样本痕迹

（1）扩缝撬压。将两块木板用钉子固定在一起，其中，上边一块木板较短，一人用两手按紧较长木板的两端，另一人用螺丝刀从两板之间的缝隙处进行扩缝撬压（见图 17 - 3）。每撬压一次，更换一下位置，改变支点、重点的距离，可采用向上用力和向下用力两种方式，然后观察每次撬压形成的一对痕迹在位置关系、形态方面的特点。

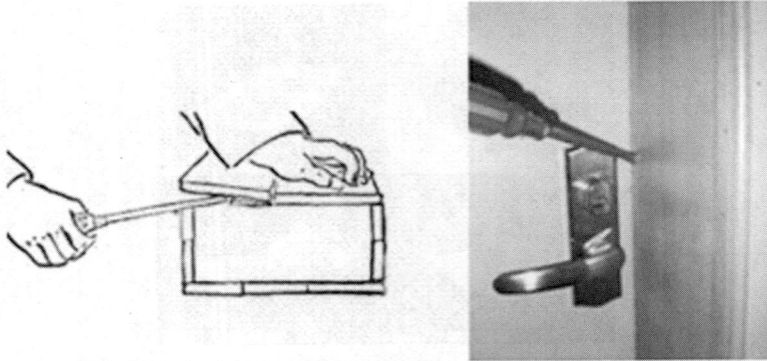

图 17 - 3　扩缝撬压

（2）扭转撬压。用钉子将锁鼻固定于木板上，然后锁上挂锁，一人用双手按紧木板两端（或夹持在台钳上），另一人用螺丝刀对锁具进行扭转撬压（见图 17 - 4）。然后取下挂锁，观察锁梁上的两处撬压痕迹，注意痕迹的位置关系、形状等，同时注意观察锁鼻固定钉的变形方向与用力方向的关系，体会左右手撬压时痕迹有何变化。

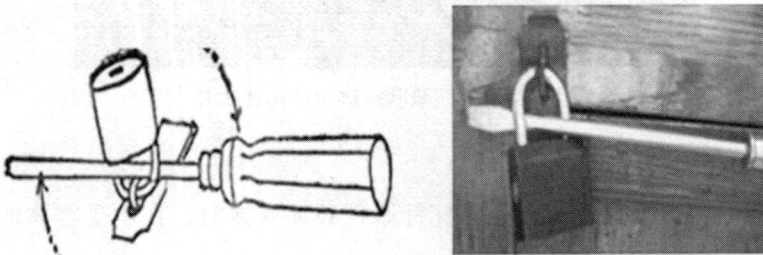

图 17 - 4　扭转撬压

（3）拆离撬压。将三段铁丝分别固定在三块木板上，一人用手按紧木板两端，另一人分别用螺丝刀、家用剪、钢丝钳的头部穿过铁丝，依次在三块木板上形成螺丝刀、家用剪、钢丝钳的拆离撬压痕迹（见图 17 - 5）。在撬压时，每撬压一次，移动一下工具头部的位置，改变支点、重点的距离，并记录数据。对家用剪和钢丝钳要分别进行正面撬压和侧面撬压。

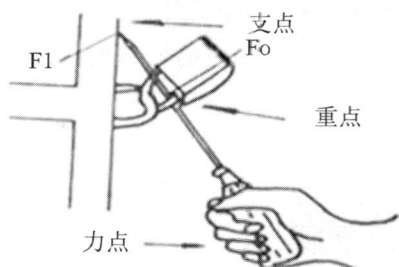

图 17－5

（4）夹持撬压。将锁扣用钉子固定在木板上，一人按紧木板（或夹持在台钳上），另一人用钢丝钳夹住锁扣上下面，然后用力扭拉。（见图 17－6）

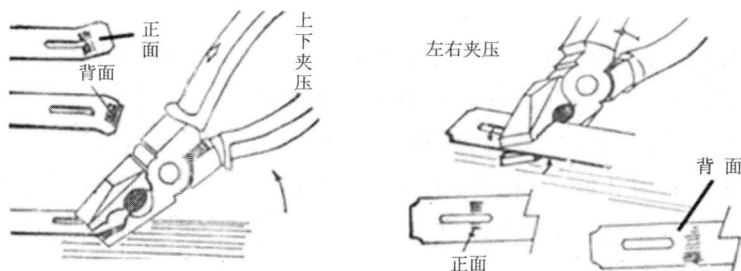

图 17－6

2. 立体显微镜下观察

（1）扩缝撬压痕迹样本的观察。将制作的扩缝撬压样本的两块木板分离，再将痕迹置于立体显微镜下观察。

首先，注意弄清痕迹的结构——痕起缘、痕止缘、痕壁和痕底，再从痕迹的各部位去发现特征。尤其要注意痕止缘所反映出的螺丝刀头部的轮廓形状、各边的长度、刀口角的大小形状，以及痕止缘上反映出的刀口卷刃、缺角、豁口和痕底上反映出的螺丝刀大面上的划痕、沙眼等个别特征，并将这些特征与螺丝刀相应部位进行对照，弄清痕迹特征和工具之间的对应关系。

（2）扭转撬压痕迹样本的观察。将扭转撬压的锁具上的撬压痕迹置于立体显微镜下，观察痕迹的形态，特别注意从痕迹上发现凹凸特征，并注意将这些特征与螺丝刀柄部相应的部位进行对照，以确定痕迹特征的真实性。

（3）拆离撬压痕迹样本的观察。将拆离撬压的每块木板上的痕迹分别置于立体显微镜下进行观察，注意螺丝刀形成撬压痕迹的总体形态以及痕止缘和痕底上的个别特征——痕止缘上的凹陷、凸起所组成的轮廓形状，痕底上的凹凸点。（见图17－7）

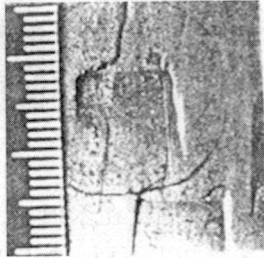

图 17－7

对家用剪头部形成的撬压痕迹进行观察时，注意两种不同撬压方法形成痕迹的区别。在对家用剪头部平面撬压形成的痕迹（见图17－8）进行观察时，要注意痕迹所反映出的剪尖的形状、角度、有无缺损，刃口上有无豁口和卷刃，剪背在痕止缘上所反映出的轮廓形状、凹凸点。在对家用剪头部侧面撬压形成的痕迹进行观察时，要注意痕迹所反映出的剪尖的形状、剪背的宽度以及剪背上的凹凸点形成的特征。

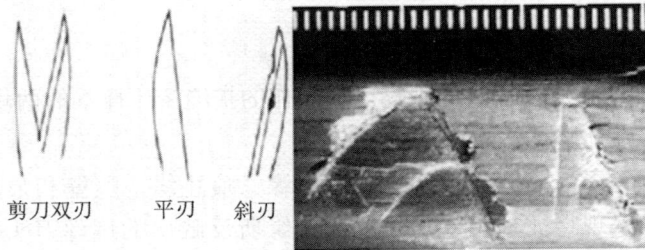

剪刀双刃　　平刃　斜刃

图 17－8

钢丝钳的两种撬压方法所形成的痕迹能分别反映出钢丝钳侧面和顶部的形状及特征。在观察时，注意痕止缘的轮廓及各部位的角度，同时注意工具上的磕碰凹凸特征在痕止缘及痕底上的反映，尤其注意上下夹持面的齿纹交接线在痕迹中的反映——前后平台的宽度、齿纹的数量、齿纹端部的形状、

齿纹的间距、上下刃齿纹的间隙等。(见图17-9)

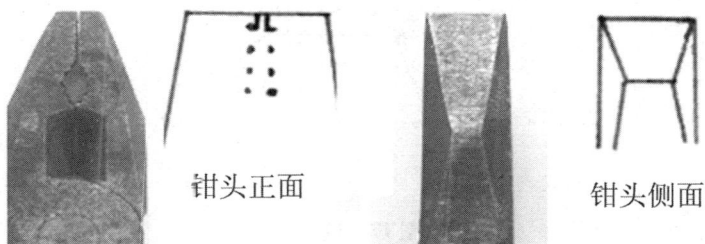

钳头正面　　　　　　　钳头侧面

图17-9

(4) 夹持撬压痕迹样本的观察。将夹持撬压后的锁扣取下,放在立体显微镜下观察(见图17-10)。观察前后平台痕迹的形状(包括前后平台痕迹的长度、宽度、边缘的凹凸点、各部位的角度),尤其注意前平台后边缘的痕迹形状和后平台前边缘的痕迹形状,痕迹中所反映出的齿纹数量、长短,每根齿纹痕的形态,特别是齿纹两端的痕迹形态,相邻齿纹的间距等。在观察时,要对锁扣两面的夹持痕迹分别进行观察,同时注意将痕迹中的特征与钢丝钳相应部位的特征进行对照。

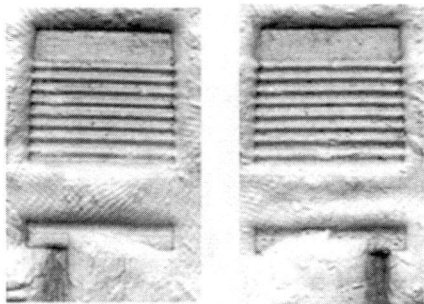

图17-10　夹持痕迹

3. 特征标识

将上述显微镜下观察到的痕迹特征进行拍照,按照不同撬压方式剞制作的样本痕迹应分别标识。

对于扩缝撬压螺丝刀头部留下的痕迹,首先要标识出痕迹的痕起缘和痕止缘及痕迹的轮廓形态,再将观察到的个别特征进行标识。(见图17-11)

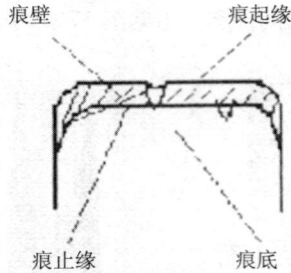

痕壁　　　　　痕起缘

痕止缘　　　　痕底

图 17 – 11

对于扭转撬压痕迹样本，主要将锁梁两侧的痕迹特征标识出来。

对于拆离撬压痕迹样本，要分别将螺丝刀、家用剪和钢丝钳的撬压痕迹的形状及特征标识出来。

对于夹持撬压痕迹样本，要将锁扣上下两面留下的钢丝钳夹持部位的痕迹特征分别标识出来。

（三）打击痕迹的实训操作

1. 制作痕迹样本

（1）铁锤打击。将木板（最好是表面光滑的木板）置于实验台上，用六棱锤或钳工锤垂直用力打击（见图 17 – 12），每打击一次，更换一下位置，形成多处打击痕迹。

图 17 – 12

（2）铁斧打击。将木板置于实验台上，然后用铁斧以垂直和倾斜角度打击，分别形成单独的打击痕迹。（见图 17 – 13）

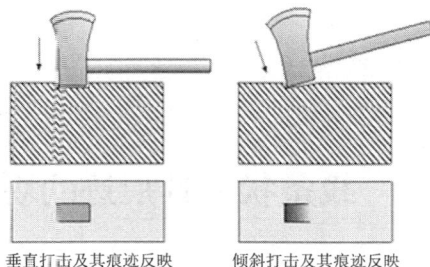

垂直打击及其痕迹反映　　倾斜打击及其痕迹反映

图 17 – 13

2. 立体显微镜下观察

（1）铁锤打击痕迹样本的观察。将木板上的铁锤打击痕迹样本置于立体显微镜下观察。注意观察打击痕迹的轮廓形状，痕迹所反映出的边棱数，每条边棱的长度，痕起缘和痕止缘上明显的凹凸特征，痕壁上的特征反映，以及痕底上的划痕特征和凹凸特征。

（2）铁斧打击痕迹样本的观察。将木板上的铁斧打击痕迹样本置于立体显微镜下观察。

注意观察其总体形态，尤其要注意其痕壁的位置、方向及痕壁上的线条状特征。注意观察痕止缘的形态特征、边缘夹角的形状，并测量夹角的大小。注意观察痕底上的划痕特征和磕碰形成的凹凸特征，弄清这些特征和边缘的位置关系、方向以及特征相互间的关系。

3. 特征标识

将上述在立体显微镜下观察到的痕迹进行拍照，用 Microsoft Office Publisher 标识出痕迹的轮廓形状、各部位明显的凹凸特征及划痕特征等。

六、实训作业

1. 将制作的几种不同撬压方式的痕迹，并标识出特征，并加以文字描述。选择其中一种痕迹进行测量，包括痕迹特征各部位的尺寸及支点、重点距离，记录下数据，标出痕迹各部位的名称。

2. 标识出锤类工具锤底部的轮廓及打击时形成的痕迹，标识出工具及痕迹的个别特征。

线条状工具痕迹的观察与标识

一、实训教学目标

1. 能识记擦划工具在不同外力和不同角度作用时的痕迹反映及变化规律。
2. 能标识常见擦划、剪切工具形成的痕迹特征。

二、实训课时：2 课时。

三、实训内容

1. 识别不同方式下形成的擦划痕迹并标识其主要特征。
2. 识别不同方式下形成的剪切痕迹并标识其主要特征。

四、实训设备及器材

1. 螺丝刀丝钳、家用剪刀。
2. 铅片、厚木板、薄木板、木棒。
3. 体视显微镜、分规、直尺、铅笔。

五、实验步骤与方法

（一）认知线条状工具痕迹的接触状态、形成过程及性质、结构、特征等
　　　有关内容

1. 线条类痕迹的定义

工具和承受客体在接触状态下产生相对位移时，在承受客体表面部位上形成的凹凸线条，即是线条状痕迹。

2. 性质

痕迹以凸凹线条的起伏形态反映工具接触部位的特征，且凸凹像相反。（见图 18 - 1）

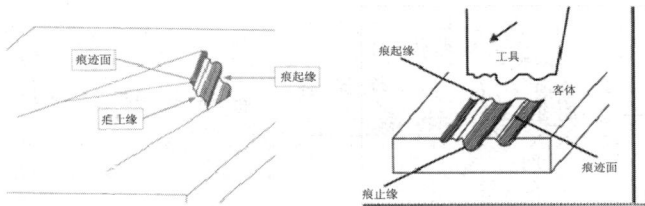

图 18 - 1

3. 结构（见图 18 - 2）

痕起缘：形痕初始阶段工具与被破坏客体的接触线。

痕迹面：形痕中间阶段工具在被破坏客体上的运动轨迹。

痕止缘：终止形痕时工具与被破坏客体的接触线。

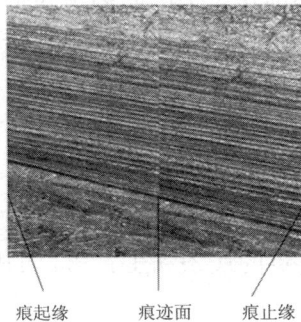

痕起缘　　　痕迹面　　　痕止缘

图 18 - 2

4. 特征

（1）种类特征：线痕的基本轮廓与形态。

（2）个别特征：单一线痕的凸凹起伏结构。

（3）质量好特征：粗大、明显、连贯的凸凹起伏线条。

其中，单一线痕的结构包含：峰、谷、腰。（见图 18 – 3）

峰：一般在突起线条的顶端，其形状又有各种区别，常见尖、圆、平等形状，称为尖峰、圆峰、平峰等。

谷：一般在凹下线的底部，按形状不同又分为尖谷、圆谷、平谷等。

腰：一般为连接凸、凹线二者之间的结构部位，按陡缓差异分为突腰、斜腰。

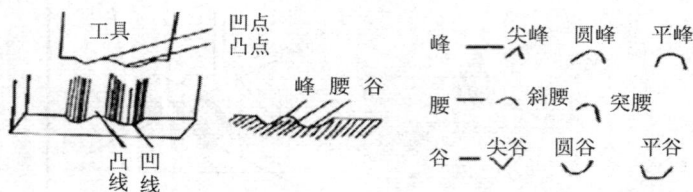

图 18 – 3

（二）擦划痕迹的实训操作

1. 制作痕迹样本

（1）用螺丝刀头部在铅片上擦划，形成有痕起缘和痕止缘的单一擦划痕迹。

（2）用螺丝刀以不同的压力在铅片上并列形成几处擦划痕迹。

（3）用螺丝刀以不同的前角、不同的侧角和不同的偏角在铅片上分别并列形成几处擦划痕迹。

2. 显微镜下观察

（1）单一擦划痕迹样本的观察。将留有单一擦划痕迹的铅片置于立体显微镜下观察。

首先，观察线条痕的形态，注意凸线条和凹线条的结构——凸峰、腰边和低谷，将粗大、明显、连贯的线条和工具刃口的凹凸特征相对照，弄清它们的对应关系。

其次，观察痕起缘和痕止缘的形状，注意凹凸特征和线条特征的关系。

最后，观察痕迹端部堆积的金属颗粒，同时注意线条痕上的鱼鳞状毛刺的指向，以此判断擦划痕迹的形成方向：有堆积物的一端为痕止缘，鱼鳞状毛刺指向痕起缘一端。（见图18-4）

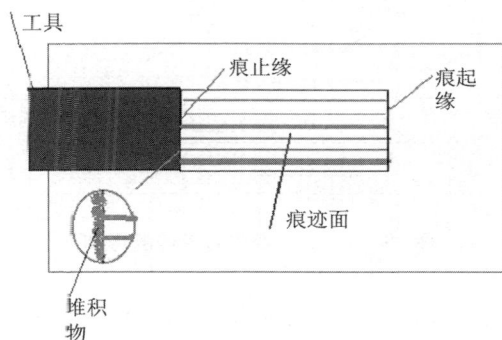

图 18-4

（2）不同压力擦划痕迹的观察。将以不同压力形成的擦划痕迹样本置于立体显微镜下观察。

当螺丝刀的压力由大到小或由小到大改变时，形成的线条痕的宽度会发生由宽变窄或由窄变宽、线条痕由深变浅或由浅变深的变化，另外，还会产生线条痕由多到少或由少到多的变化。（见图18-5）

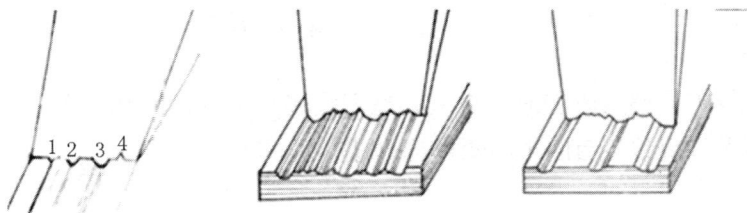

图 18-5

（3）不同接触角度擦划痕迹的观察。将以不同接触角度形成的擦划痕迹分别置于立体显微镜下观察。

当螺丝刀的前角改变时，相当于螺丝刀的接触部位发生改变，因此，在擦划痕迹中、线条痕会出现数量的变化、粗细的变化和深浅的变化。（见图18-6）

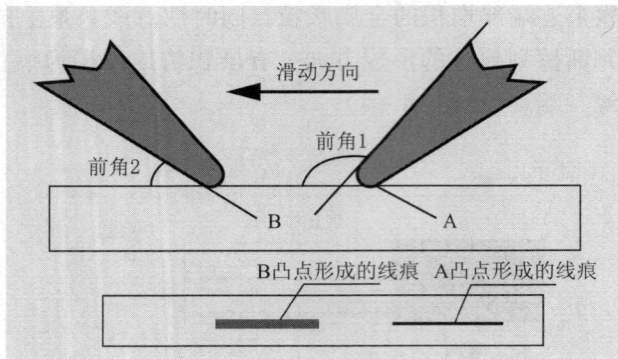

图 18 - 6   前角变化对痕迹的影响

当螺丝刀的侧角改变时，可以导致工具与客体接触线长短的变化，或工具压力分布的变化。因此，擦划痕迹会出现宽窄的变化、线痕数量的变化和两侧相反的深浅变化。(见图 18 - 7)

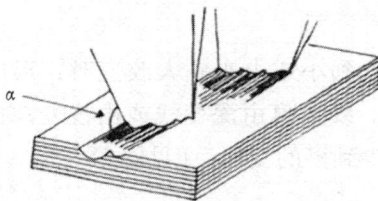

图 18 - 7   侧角变化对痕迹的影响

当螺丝刀的偏角改变时，将引起擦划痕迹总宽度的变化、单一线痕粗细的变化以及线痕数量与间距的变化。(见图 18 - 8)

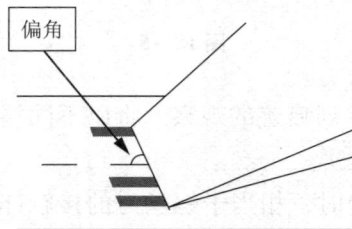

图 18 - 8

3. 特征标识

将上述在显微镜下观察到的痕迹特征进行拍照，按照单一擦划痕迹、不同压力擦划痕迹和不同接触角度擦划痕迹分别标识。

对于单一擦划痕迹，除了标识出痕迹的轮廓形状外，还要将痕起缘、痕止缘、痕迹面以及堆积物、毛刺等特征标识出来。

对于不同压力的擦划痕迹，主要标识出线痕宽窄、深浅和线条数量的变化情况；必要时，配以文字说明。

对于不同接触角度的擦划痕迹，要分别将前角、侧角和偏角改变时，擦划痕迹的宽窄、数量、粗细、深浅和间距等的变化情况标识出来；必要时，配以文字说明。

（三）剪切痕迹的实训操作

1. 制作钢丝钳剪切样本痕迹

（1）用钢丝钳剪切一根较粗的铜丝或铝丝，注意不要剪断，留下钳刃各个部位与铜丝结合的情况。

（2）用钢丝钳以直剪、斜剪、顿剪、扭剪等方式（见图 18 – 9）剪切铜丝或铝丝，形成剪断断头，分别将每次剪切形成的里外两个断头进行编号和标记。

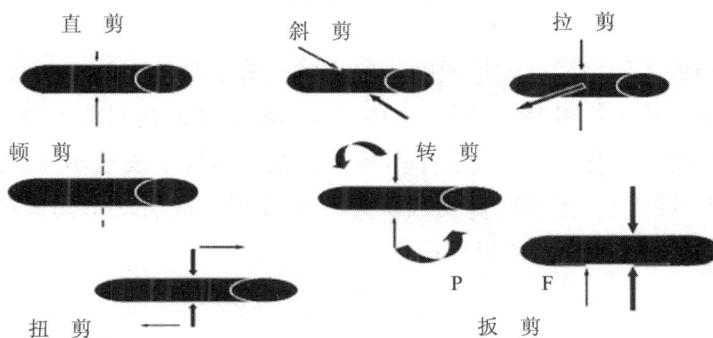

图 18 – 9 不同的剪切方式

2. 观察钢丝钳剪切痕迹特征

（1）未剪断铜丝的观察。将没有剪断的铜丝放在体视显微镜下，观察铜丝上下咬痕的关系（见图 18 – 9），尤其要注意观察剪切部位反映的钢丝钳刃口的宽度和咬合位置，判断是对等咬合还是错口咬合（见图 18 – 10）；观察并分析痕底反映的凹凸坑丘特征与钢丝钳刃顶部位结构特征的关系。

图 18 − 9

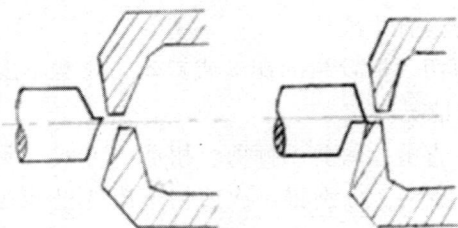

图 18 − 10　错口咬合

（2）观察不同剪切方式形成断头的形状。剪切时形成两个断头，每个断头出现两个斜坡（见图 18 − 12）。直剪形成的断头坡面比斜剪形成的坡面短；顿剪形成的断头斜坡上常反映出小阶梯纹，整个斜坡上线痕不连贯或在某些部位出现平行错位；扭剪时剪切断头形状不规则，常出现不同程度的弯曲，断头峰角不明显，断面线痕出现扭曲。

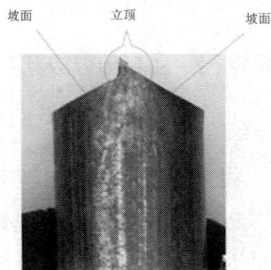

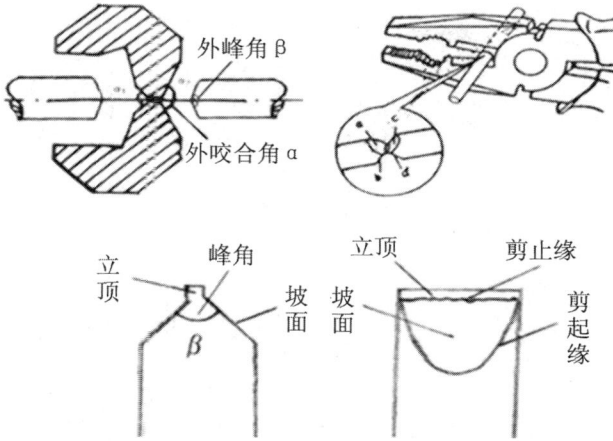

图 18 - 12

（3）观察直剪形成断头的峰角大小、立顶高度、立顶厚度（断头立顶是反映钢丝钳刃顶特征的三要部位，立顶上不仅能反映刃顶上的凸凹特征，立顶的形态反映接触部位刃顶的形状；而且，立顶高低与钳刃顶厚度还有对应关系：一般的，刃顶厚，断头立顶高；刃顶薄，断头立顶低）（见图 18 - 13），并与钳刃咬合角大小、刃口宽度、咬合间隙大小进行比较；观察一次剪切形成的里、外侧断头峰角的大小关系。（见图 18 - 14）

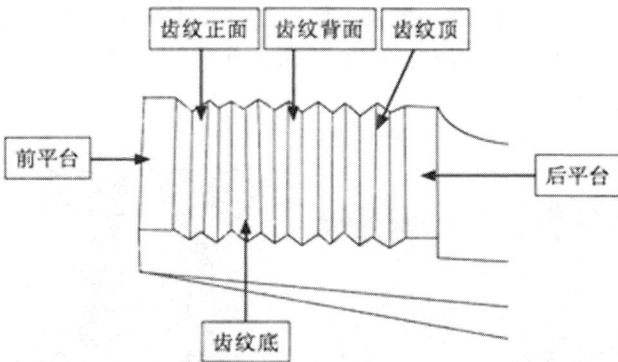

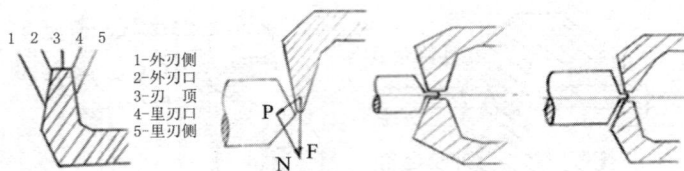

1-外刃侧
2-外刃口
3-刃 顶
4-里刃口
5-里刃侧

图 18 - 13

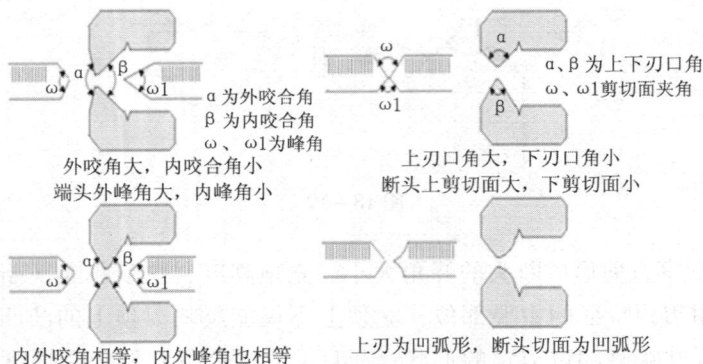

α 为外咬合角
β 为内咬合角
ω、ω1为峰角

外咬角大，内咬合角小
端头外峰角大，内峰角小

α、β 为上下刃口角
ω、ω1剪切面夹角

上刃口角大，下刃口角小
断头上剪切面大，下剪切面小

内外咬角相等，内外峰角也相等

上刃为凹弧形，断头切面为凹弧形

图 18 - 14

（4）观察刃顶、刃口形成的痕迹。刃顶和刃口留有工具加工时形成的细小特征，并在使用中形成磨损、卷边、缺口等特征，钢丝钳剪切客体时，钳刃与客体呈切划接触，在断头斜坡上形成反映工具刃口部位凹凸结构的凸凹线条痕迹，在结束成痕的瞬间，刃顶印压接触断头立顶，有时能反映出凹凸坑丘特征。（见图 18 - 15）

图 18 - 15

（5）观察刃侧形成的痕迹。剪切时刃侧以挤压方式将其表面的铣纹、铲纹和锉纹等加工花纹印压在剪切断头斜坡上（见图 18 - 16），注意观察各种加工花纹的形态及里外刃出现的规律。

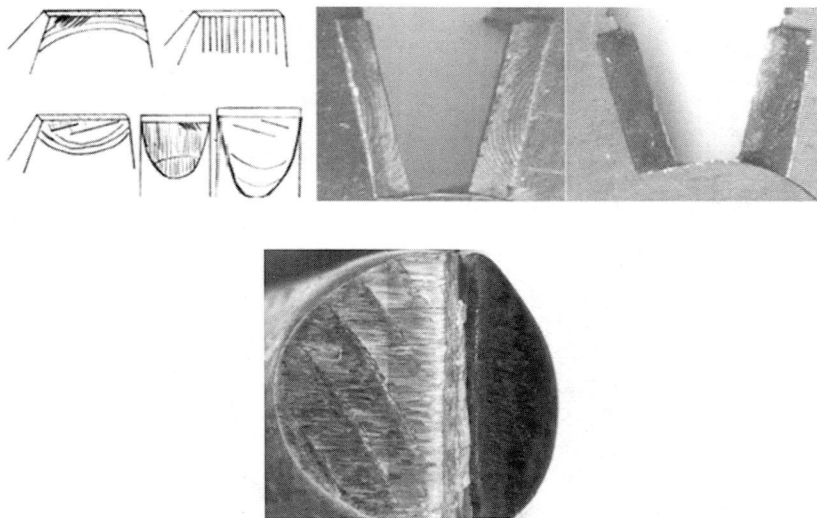

图 18 - 16

3. 标识钢丝钳剪切痕迹特征

（1）标识未剪断样本的痕迹形状及特征。

（2）分别将几种不同剪切方式形成的断头形状特征进行标识。

六、实训作业

1. 按照上述特征描绘的内容及要求，将制作的单一擦划痕迹、不同压力擦划痕迹和不同接触角度擦划痕迹样本分别描绘出来，并加以文字说明。

2. 标识擦划工具接触部位的形状及特征。

3. 实训中观察和测量的钢丝钳的刃口特征、刃侧花纹特征用文字和示意图表示出来。

4. 分别标识钢丝钳剪切的样本痕迹的各种特征，并加文字说明。

常见枪支结构的观察与识别

一、实训教学目标

1. 能识记国产枪支的整体性能、基本结构。
2. 能识别枪支主要部件。

二、实训课时: 2 课时。

三、实训内容

1. 分解五四式手枪并观察其主要部件的结构。
2. 分解六四式手枪、七七式手枪并观察其主要部件的结构。

四、实训设备及器材

五四式手枪、六四式手枪、七七式手枪、体视显微镜、放大镜、分规、直尺、绘图铅笔。

五、实验步骤与方法

枪支的结构比较复杂,机件很多,首先要观看枪械挂图,了解枪支的构造,然后按照枪械结构的分解程序予以分解。分解过程中,要仔细观察该枪在设计过程中可能在弹头、弹壳上形成的痕迹部位和形成痕迹的原理,以及主要机件的大小、形态、位置。

（一）五四式手枪的分解与组合

1. 五四式手枪（见图19－1）的分解

图 19－1

（1）验枪。卸下弹匣，扳倒击锤，后拉套筒，查看弹膛内有无实弹。处置妥当后放回套筒，击锤归位。

（2）先向左推开卡锁的卡片，从枪的另一侧拉出贯穿枪身的销子。（见图19－2）

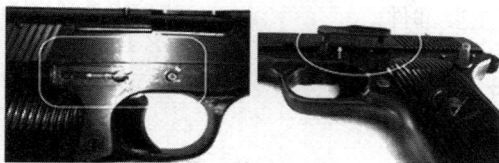

图 19－2

（3）将套筒从枪身上分离，露出弹簧和枪管。（见图19－3）

图 19－3

（4）拆出弹簧。（见图 19 - 4）

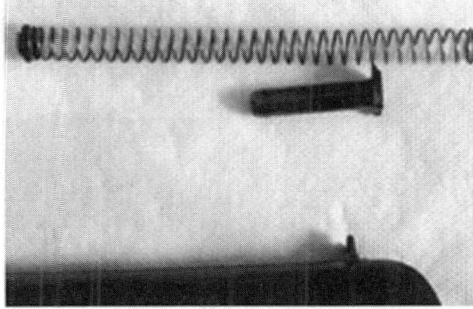

图 19 - 4

（5）将枪口前的固定铁帽旋转 180 度，拿掉铁帽。（见图 19 - 5）

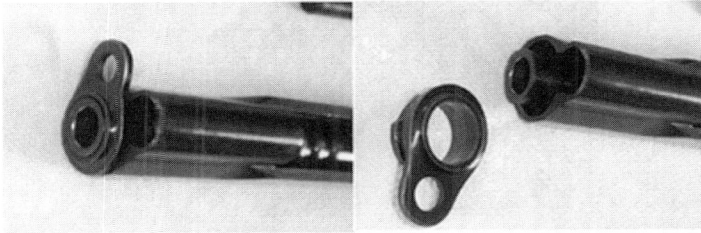

图 19 - 6

（6）拉出枪管。（见图 19 - 6）

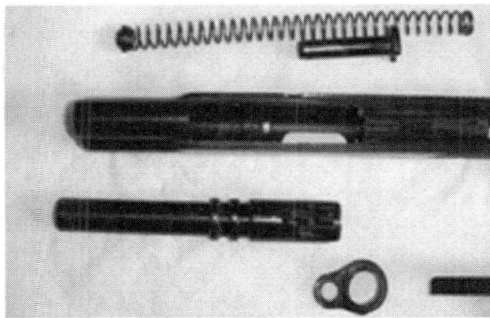

图 19 - 6

（7）向上拉出扳机组件。（见图 19 – 7）

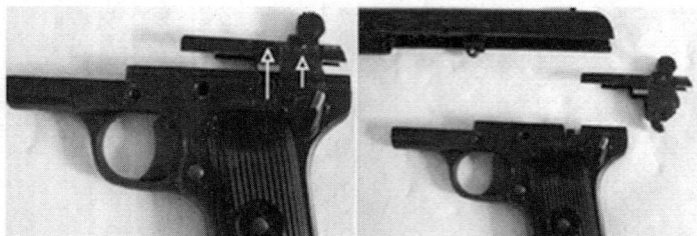

图 19 – 7

（8）不完全分解到此完成，手枪全部组件如下。（见图 19 – 8）

图 19 – 8

2. 五四式手枪的组合

（1）放回扳机组件。（见图 19 – 9）

图 19 – 9

（2）枪管放回套筒。（见图 19 – 10）

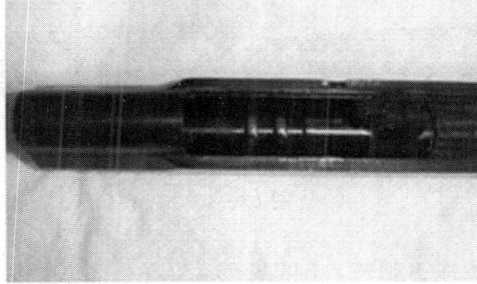

图 19 – 10

（3）推回弹簧。（见图 19 – 11）

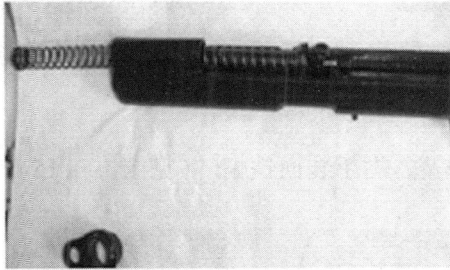

图 19 – 11

（4）套筒沿轨道推上枪身。（见图 19 – 12）

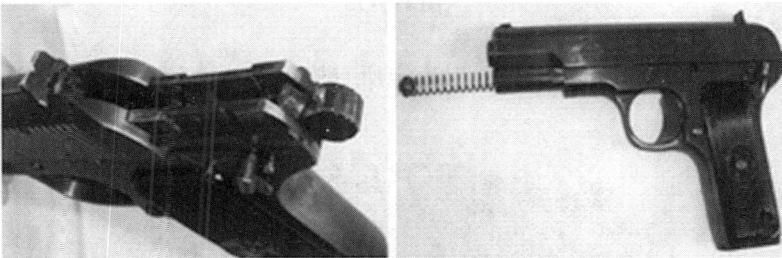

图 19 – 12

（5）装回贯穿枪身的铁销子，在另一侧推回卡片锁住铁销。（见图 19 – 13）

图 19 – 13

（6）用手指用力压下弹簧。（见图 19 – 14）

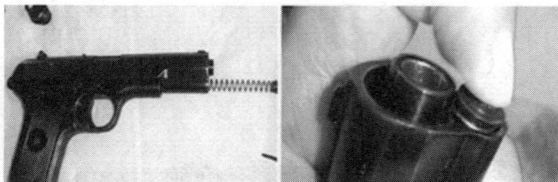

图 19 – 14

（7）左手压住弹簧，右手装回铁帽。（见图 19 – 15）

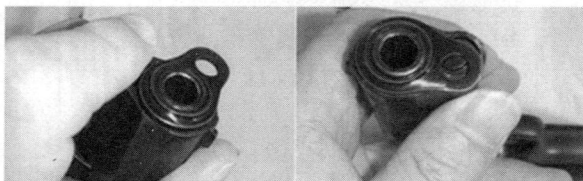

图 19 – 15

（8）前后反复拉动枪套筒，以确定所有机关到位。（见图 19 – 16）

图 19 – 16

（9）推上弹夹，手枪的组合到此完成。（见图 19 – 17）

图 19 – 17

（二）观察五四式手枪的主要部件的形态结构

1. 五四式手枪的纵剖图及枪管形态结构。

2. 弹膛后切口。五一式手枪、五四式手枪采用枪管短后坐式的自动方式。枪管摆动式的闭锁机构、闭锁突茎和铰链是其独有的构造。

3. 弹底窝的形态结构。观察拉壳钩、抛壳挺的位置，推弹突笋和击针头的形态，特别要注意观察五四式手枪弹底窝表面的铣纹特征。

4. 击发机件。

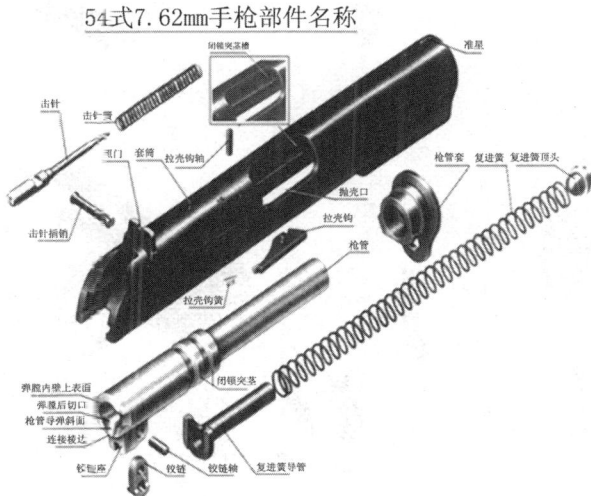

54式7.62mm手枪部件名称

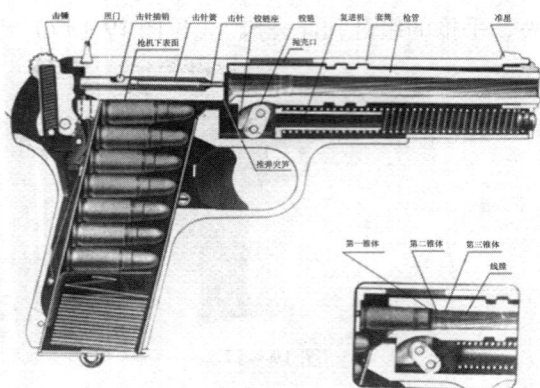

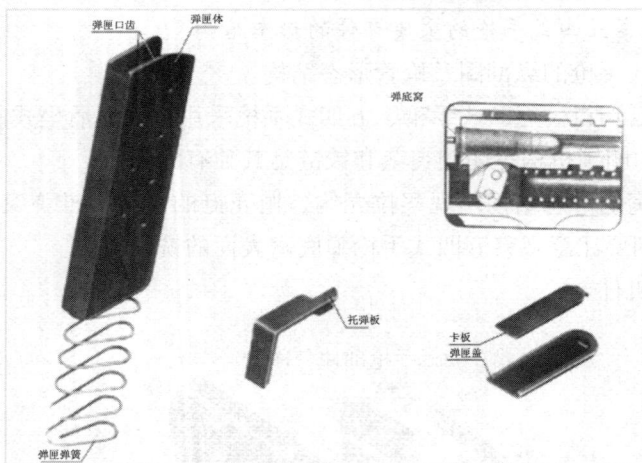

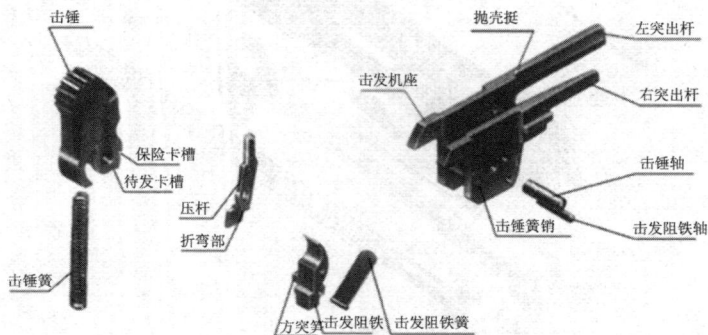

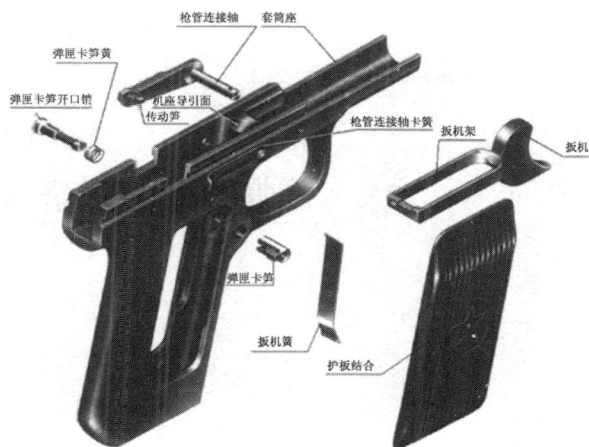

图 19 – 18

六、实训作业

1. 识别各枪支弹底窝的形态结构。

2. 识别各枪支拉壳钩、抛壳挺的形态结构。

3. 识别各枪支弹腔后切、枪管的形态结构。

枪弹结构的观察与识别

一、实训教学目标

1. 能识记枪弹的整体形态、弹头弹壳的形态和基本结构。
2. 能识别枪弹种类。

二、实训课时：2 课时。

三、实训内容

1. 解剖并观察五一式手枪弹的各部结构。
2. 解剖并观察六四式手枪弹的各部结构。
3. 解剖并观察五六式步枪弹的各部结构。

四、实训设备及器材

（1）台钳、钢丝钳、游标卡尺、放大镜、钢锯、电工刀。
（2）五一式手枪弹、六四式手枪弹、五六式步枪弹。
（3）衬布、白纸。

五、实验步骤与方法

（一）看教学课件图片或录像了解枪弹的基本结构

1. 枪弹的基本结构

枪弹由弹头、弹壳、发射药和底火四部分组成。（见图20－1）

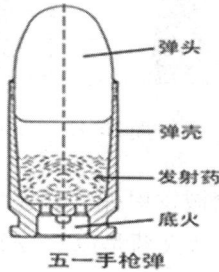

图20－1　枪弹的基本结构

（1）弹头。弹头是用来杀伤或破坏目标的部分。弹头的制作材料主要是铜、铅、钢、锌合金、镍合金等。弹头外壳多为铜披甲，韧性较好，硬度适中，以减轻同枪管内壁的摩擦强度。弹种不同，弹心结构不同，主要有铅心、铅镍合金、钢心等。弹头的外形结构可分为弧形部、导引部（圆柱部）、尾椎部三部分。（见图20－2）

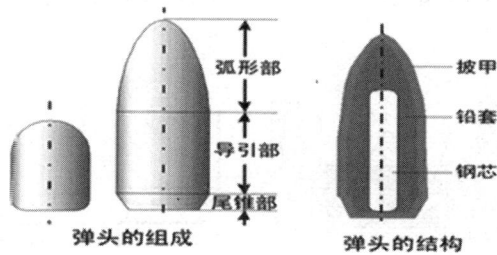

图20－2

（2）弹壳。弹壳是构成枪弹的骨架，它的作用是连接弹头、底火并盛装和保护发射药。其材料主要由铜铸合金或复铜钢等构成。弹壳的外形结构主要由壳口、斜肩、壳体、斜面、底槽、前边缘、棱边、后边缘、底座等部分构成。弹壳与弹头的连接固定方式通常有平面结合式、卡窝结合式和卡槽结

合式三种。弹壳的形状有柱形和瓶形两种。（见图 20 - 3）

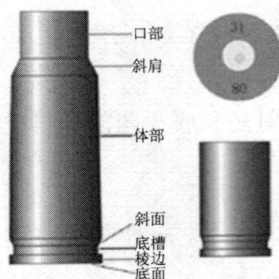

图 20 - 3

（3）发射药。发射药是枪械发射弹丸和完成循环动作的能量来源，分有烟火药和无烟火药两大类。有烟火药是以 75% 硝酸钾为氧化剂，15% 木炭为可燃物，10% 硫黄为黏合剂的混合药剂，目前，只有少数非自动枪支枪弹使用这种火药。无烟火药的主要成分是硝化棉和硝化甘油，为改善火药的某些性质，另加一定的添加剂，如樟脑、二苯胺、石墨等物质。大多数自动枪支枪弹使用这种发射药。

（4）底火。底火，又称火帽，是在外界击发能量的作用下，适时发火，引燃发射药的装置，呈盂状，设置在弹壳底座○的中心或边缘部位。底火由底火帽、击发剂和锡箔片构成。底火帽为黄铜冲压的铜盂，内装击发剂（主要成分为雷汞或氯酸钾和三硫化二锑），击发剂上盖锡箔片，用以密封防潮。（见图 20 - 4）

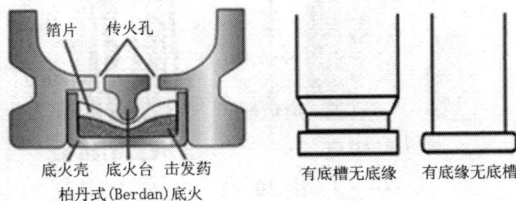

图 20 - 4

2. 枪弹的识别

对于一般枪弹，主要从外形、尺寸、涂色标志和印压标记三方面加以识别。

（1）从外形尺寸识别。不同种类的枪弹其外形尺寸是不一样的，这是不同种类枪弹最主要的区别依据（见图20－5）。根据弹头形状有：尖头弹、圆头弹、平头弹；根据弹壳形状有：柱形弹、瓶形弹；根据弹壳底部形状有：有底缘无底槽弹、有凸缘弹等。

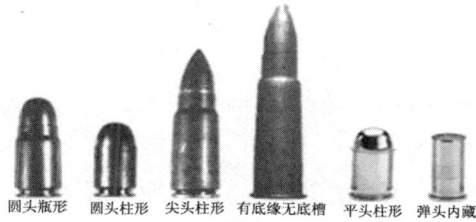

圆头瓶形　　圆头柱形　　尖头柱形　　有底缘无底槽　　平头柱形　　弹头内藏

图20－5

（2）从涂色标志识别。涂色标志主要用来区分不同用途的枪弹。大多数国家采用弹尖色标，对于多用弹，除弹尖涂有色标外，在弹尖下面还涂有一圈或两圈色带，以此来表示具有两种以上用途的特种弹。我国普通弹没有色标，其他弹种涂色标志。（见图20－6）

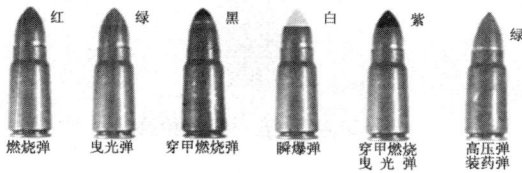

红　　　绿　　　黑　　　白　　紫　　　　绿

燃烧弹　曳光弹　穿甲燃烧弹　瞬爆弹　穿甲燃烧　高压弹
曳　光　弹　装药弹

图20－6

（3）从印压标记识别。弹壳底部印压标记，一般用来表示枪弹制造日期、国别、厂家、弹壳材料、枪弹批号、口径和弹丸类型，也有的单纯为装潢，无具体意义。我国20世纪60年代以后生产的枪弹，一般均为双印压标记，表示生产厂家和制造年份。（见附表一枪弹分类表）

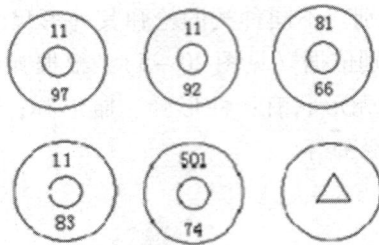

（二）解剖并观察五一式手枪弹、六四式手枪弹、五六式步枪弹的各部结构

1. 三种枪弹的基本结构

（1）五一式手枪弹。（见图20-7）圆头瓶形底槽弹，7.62毫米口径，弹头初速较高，杀伤威力较大，轻型冲锋枪可配用，是我国现阶段装备的主要手枪弹。配用枪种：五一式手枪、五四式手枪、八〇式自动手枪、五〇式冲锋枪、五四式冲锋枪、七九式轻型冲锋枪和八五式轻型冲锋枪。

图20-7　五一式手枪弹

（2）六四式手枪弹。（见图20-8）圆头柱形底槽弹，7.62毫米口径，结构设计合理，制造精细，射击精度好，也是我国现阶段装备的主要手枪弹。配用枪种：六四式手枪、七七式手枪、五二式公安手枪、九一式匕首枪。

图20-8

（3）五六式步枪弹。（图20-9）尖头瓶形底槽弹，7.62毫米口径，于2056年仿照苏联2043式7.62毫米普通弹研制而成，后经改进已形成系列弹种，包括普通弹、穿甲燃烧弹、燃烧曳光弹和曳光弹，此外，还有空包弹、教练弹、强装药弹等，是我国现阶段装备的主要步枪枪弹。配用枪种：五六式冲锋枪、五六式半自动步枪、六三式自动步枪、八一式自动步枪。

图20-9

2. 解剖并观察三种枪弹的基本结构

（1）卸下弹头。把枪弹用衬布包裹后置于台钳上，拿钢锯沿弹轴45°角锯开壳口，用钢丝钳夹紧把弹头拔出。（见图20-10）

图20-10

（2）倒出发射药。将弹壳内火药倒于白纸上，观察颜色和形状后用天平称其重量。（见图20-11）

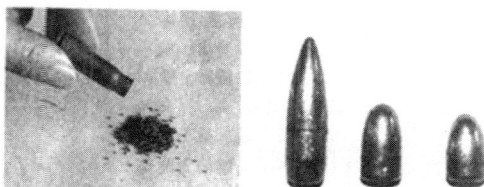

图20-11

（3）解剖弹头、弹壳、底火。用游标卡尺测量弹头直径、弹头弹壳长度后交回弹壳，换用击发过的弹壳置于台钳上沿轴线纵剖，再用相同的办法解剖弹头后观察其内部结构。（见图 20 – 12）

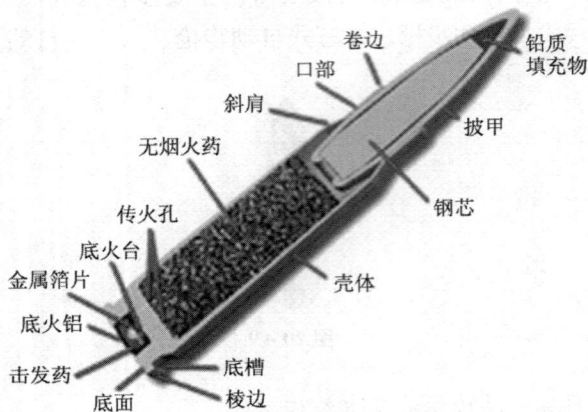

图 20 – 12　五六步枪弹

（4）把三种枪弹全部解剖完毕后，比较相应部分的形态。

六、实训作业

1. 识别各种枪弹的形态结构。
2. 记录枪弹各部的测量数据。

射击弹头痕迹的观察与标识

一、实训教学目标

1. 能识记射击弹头上出现的各种痕迹形态、出现部位、形成过程及变化。
2. 能规范标识不同枪种射击弹头上的痕迹特征。

二、实训课时：2 课时。

三、实训内容

观察五一式手枪、六四式手枪、七七式手枪射击弹头上的痕迹并标识其主要特征。

四、实训设备器材

五一式手枪、六四式手枪、七七式手枪射击弹头各 1 枚，体视显微镜、放大镜、膛线痕迹展平器、夹弹器、橡皮泥、分规、直尺、游标卡尺、绘图铅笔。

五、实验步骤与方法

（一）观察各射击弹头的外观

主要观察弹头形状、有无披甲、制造材料、色泽、有无变形、碎裂、有无附着物痕迹。

（二）测量各射击弹头的直径、长度和重量，然后将弹头放在显微镜的夹
弹器上旋转观察

对各射击弹头的直径、长度和重量进行测量，然后进行旋转观察，有条
件的可用膛线痕迹展平器制作膛线痕迹展平膜片来观察。（见图21-1）

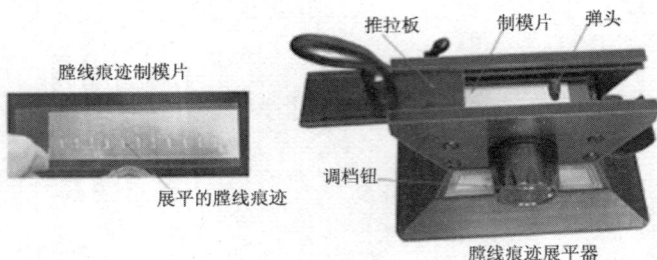

图21-1 膛线痕迹展平器

（三）观察并标识各射击弹头上的痕迹特征

1. 磕碰痕迹

弹头上磕碰痕迹是子弹上膛时形成。子弹进膛过程中，弹尖附近先后与
机座导引面、导弹斜面、弹膛内壁上方相碰撞，于是，在弹尖至弧形部形成
类圆状、点块状、短线状、月牙状等磕碰擦痕迹，出现率较高。因各种枪支
子弹进膛的速度、姿态、导引方式不同，其磕碰擦痕迹的形态、位置、方向
也不同，所以，磕碰痕迹在区分枪种时有较高价值。（见图21-2）

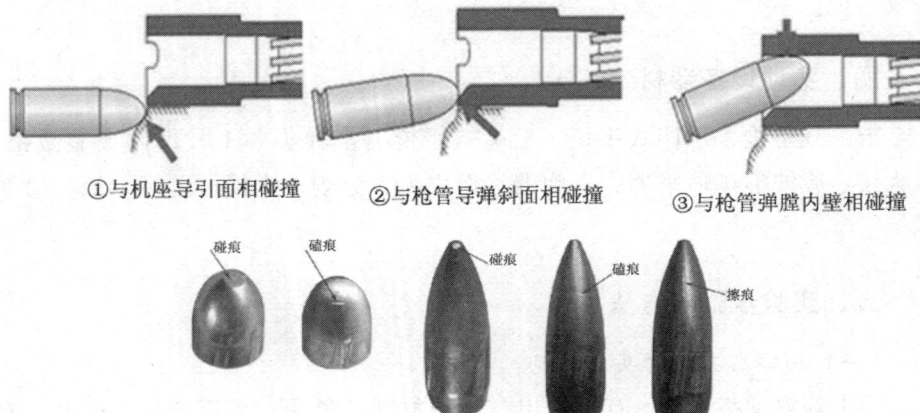

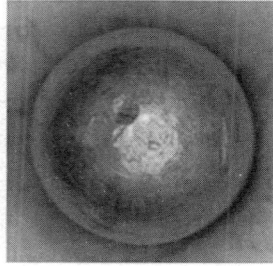

图 21 - 2　磕碰痕迹

2. 拔弹痕迹

为防止弹头与弹壳栓脱，将两者用点铆结合，或用辊沟方式连接，此时，两者保持一定的紧缩力。当弹头脱离弹壳向前运动时，可在弹头尾部形成轴向擦划痕迹（见图 21 - 3）。此线条痕迹是随机的，无规律性，不能作为同一认定的依据。

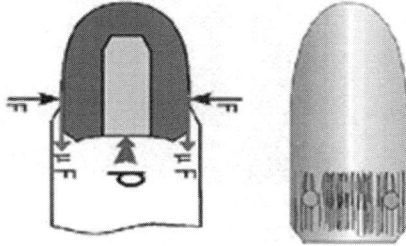

图 21 - 3　拔弹痕迹

3. 坡膛痕迹

坡膛痕迹是指弹头经过坡膛时形成的与弹头轴平行的痕迹。起于弹头弧形部下部及弹头圆柱部。在阳膛线左上侧阴膛线区域常能见到，呈条束状，此痕迹是认定发射枪支的主要痕迹特征之一。其特点：痕迹明显，线痕连贯、量多，稳定性高，鉴定价值高。（见图 21 -4）

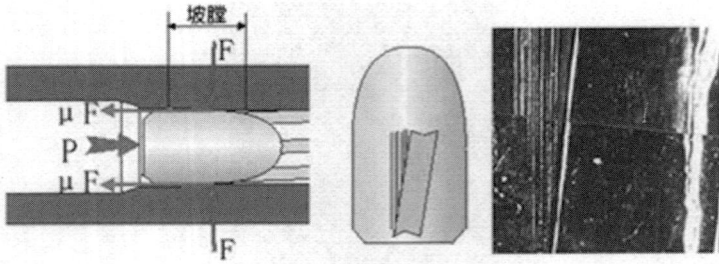

图 21－4　坡膛痕迹

4. 膛线痕迹

膛线痕迹包括阳膛线痕迹、阴膛线痕迹、主棱线痕迹、次棱线痕迹、小线纹痕迹、起末端痕迹和金属卷屑痕迹。（见图 21－5、图 21－6）

图 21－5　膛线痕迹

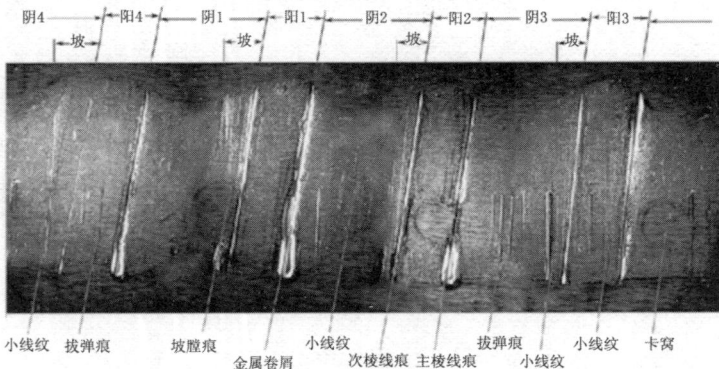

图 21－6

（1）阳膛线的数量。枪支种类不同，阳膛线数量也各不相同，最常见的是 4 条和 6 条。国产枪支中，4 条的占绝大多数，五二式公安手枪具有 6 条，还有少数高射机枪是 8 条阳膛线。国外的枪支除具有 4 条、6 条、8 条阳膛线外，还有 2 条、3 条、5 条、7 条甚至 12 条阳膛线的情况等。阳膛线痕迹的数量是种类特征，若遇到模糊不清的弹头时，查数主棱线痕迹的数量即可。

（2）阳膛线的宽度。各种不同的枪支，阳膛线的宽度各不相同。测量时，应选择弹头颈部直径最大的部位，把游标卡尺和膛线痕迹相垂直放置进行测量。

（3）阳膛线的旋向。膛线痕迹自右上往左下倾斜的为右旋膛线痕迹，反之则为左旋膛线痕迹。国产枪支都会形成右旋膛线痕迹，而国外枪支有的会形成左旋膛线痕迹。

（4）膛线痕迹的斜度。膛线痕迹的斜度是膛线痕迹相对于弹头轴方向的倾斜角度。在理论上，膛线痕的斜度与枪管膛线的缠角相等。不同缠角的枪支发射的弹头，在射击弹头上膛线痕迹的斜度也不同。通测量射击弹头上膛线痕迹的倾斜角度，即判明了发射枪支枪管膛线的缠角，指明了发射枪种的范围。

（5）阳膛线的主、次棱线痕迹。弹头在枪管中旋转运动时，膛线的两侧棱边与弹头的柱面发生相互作用，右旋膛线右侧的棱边在侧向力的作用下与弹头的相对摩擦力较大，会形成比较粗大、明显的主棱线痕迹；而左侧的棱边与弹头的相对摩擦力较小，形成的痕迹比较浅、不清晰，叫次棱线痕迹。左旋膛线的主次棱线痕迹，方向正好相反。新旧状况不同的枪支，因新旧磨损程度不同，主次棱线痕迹的特征反映也不同。

（6）阳膛线的起端痕迹和末端痕迹。靠弹尖一端阳膛线痕迹区开始的地方叫起端痕迹，靠弹底一端的叫末端痕迹。因不同的枪支在弹膛与坡膛结合处、枪口部位、膛线圆弧面固有特征不同和磨损状况不同，所以，形成的起末端痕迹也不同。其基本形态有平直形、斜形、弯曲形和波浪形等。

5. 金属卷屑痕迹

金属卷屑痕迹一般位于主棱线痕迹边缘，粗大、奇特、明显地高出主棱线的卷边，它的大小、形状是稳定的细节特征。

6. 小线纹痕迹

该痕迹是枪管内壁的构造、冲刷、使用、锈蚀等特点的反映，小线纹的

数量、位置、凹凸形态是认定发射枪支的重要细节特征。（见图 21 - 7）

图 21 - 7　小线纹痕迹

六、实训作业

1. 标识出射击弹头上的痕迹特征。
2. 写出实验报告。

弹壳上痕迹的观察与标识

一、实训教学目标

1. 能识记射击弹壳上出现的各种痕迹的形态、出现部位、形成过程及变化。

2. 能标识不同枪种射击弹壳上的痕迹特征。

二、实训课时：2 课时。

三、实训内容

观察五一式手枪、六四式手枪、七七式手枪射击弹壳上的痕迹并描绘其主要特征。

四、实验设备及器材

实验器材及所需物品包括：五一式手枪、六四式手枪、七七式手枪射击弹壳各 1 枚，体视显微镜、放大镜、夹弹器、橡皮泥、分规、直尺、游标卡尺、绘图铅笔。

五、实验步骤与方法

将弹壳用橡皮泥或夹弹器置于体视显微镜下，仔细观察下列痕迹特征：

（一）装弹过程中在射击弹壳上形成的痕迹特征

装弹过程中在射击弹壳上形成的痕迹。

1. 弹匣口痕迹

对于自动枪支，射击者需要手工将枪弹装入弹匣，装弹过程中，弹壳的体部会与弹匣口部发生摩擦从而形成弹匣口痕迹（见图 22 - 1）。此外，枪机在推顶枪弹上膛的过程中，弹壳体部再次与弹匣口部发生摩擦，在弹壳体部形成两条线条状的擦划痕迹。

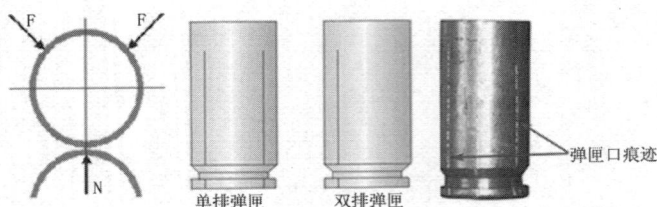

图 22 - 1 弹匣口痕迹

2. 枪机下表面痕迹

枪机下表面痕迹是指枪弹在发射过程中枪机后坐与复进时，枪机的下表面与弹匣内的枪弹相摩擦而形成的痕迹（见图 22 - 2）。不同枪支枪机下表面形状有所不同，有的枪支枪机下表面是平面，有的是弧形结构，因而反映出的痕迹也有所差异。

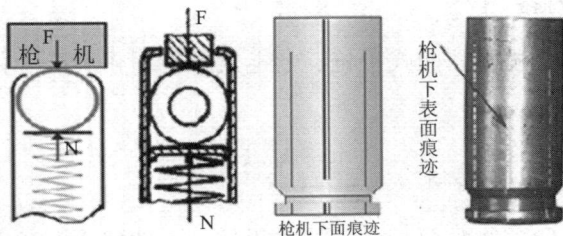

图 22 - 2

3. 推弹突笋痕迹

有些枪支有推弹突笋，有的枪支没有，没有推弹突笋装置的枪支以弹底窝下表面来完成推弹。推弹突笋在推顶枪弹上膛过程中与弹壳底部发生碰撞从而留下推弹突笋痕迹。（见图 22 - 3）

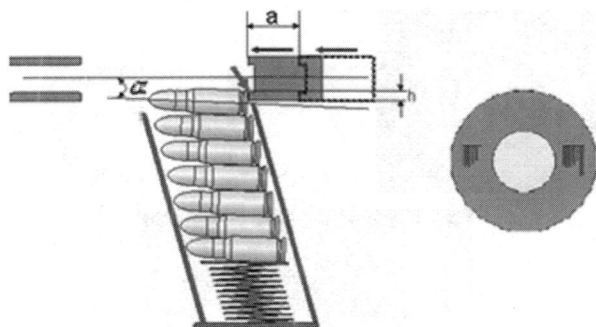

图 22 - 3

4. 弹膛后切口痕迹

弹膛后端的截面上，多加工有切口，枪弹上膛过程中弹壳口部、体部有时会与切口部位发生砥撞，从而留下弹膛后切口痕迹。（见图 22 - 4）

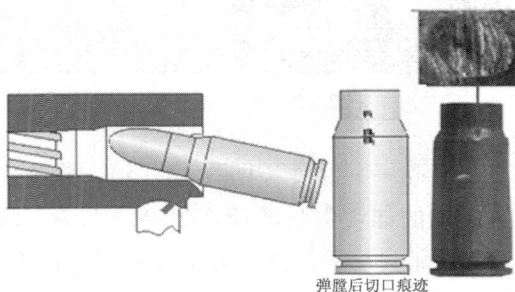

弹膛后切口痕迹

图 22 - 4　弹膛后切口痕迹

（二）击发过程中在射击弹壳上形成的痕迹特征

1. 击针头痕迹

击针以一定的动能撞击弹壳底部，从而引起发射。击针撞击弹壳底部时会有一定的深度，使弹壳底部产生变形，形成明显的击针头痕迹（见图 22 - 5、图 22 - 6）。击针头痕迹是射击弹壳上重要的痕迹特征。主要从以下几方面对击针头痕迹进行研究：击针头痕迹所处的具体位置，击针头痕迹的形状，击针头痕迹的深度，击针头痕迹的次生痕迹——舌痕，击针头痕迹的端面特点等。

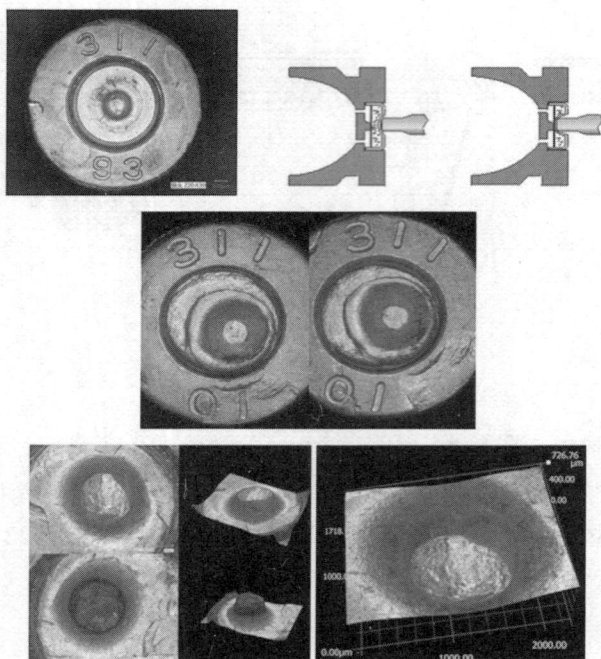

图 22 – 5　击针头痕迹

击针头痕迹的次生痕迹——舌痕（见图 22 – 5），是在击针头痕迹边缘正上方及其他附近位置形成的如舌尖状的撬擦痕迹，它是与底火直接接触的击针头部和它对应的击针头痕迹旁侧边缘有相对位移时，因摩擦作用而形成的，是击针头痕迹的重要特征。

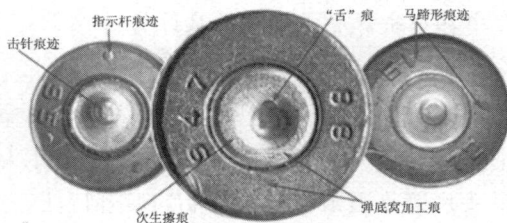

图 22 – 7　舌痕

2. 弹底窝痕迹

枪弹在发射过程中受火药气体压力的作用，弹壳底部与弹底窝紧紧贴压在一起，由于发射过程中枪管内部温度非常高，弹壳软化膨胀，因此，枪支弹底窝部位的结构特点会转印在弹壳底部，尤其是底火帽上，从而形成弹底窝痕迹（见图22-8）。它反映了弹底窝表面结构的磨损、锈蚀特征，是枪弹痕迹检验中的重要痕迹之一。

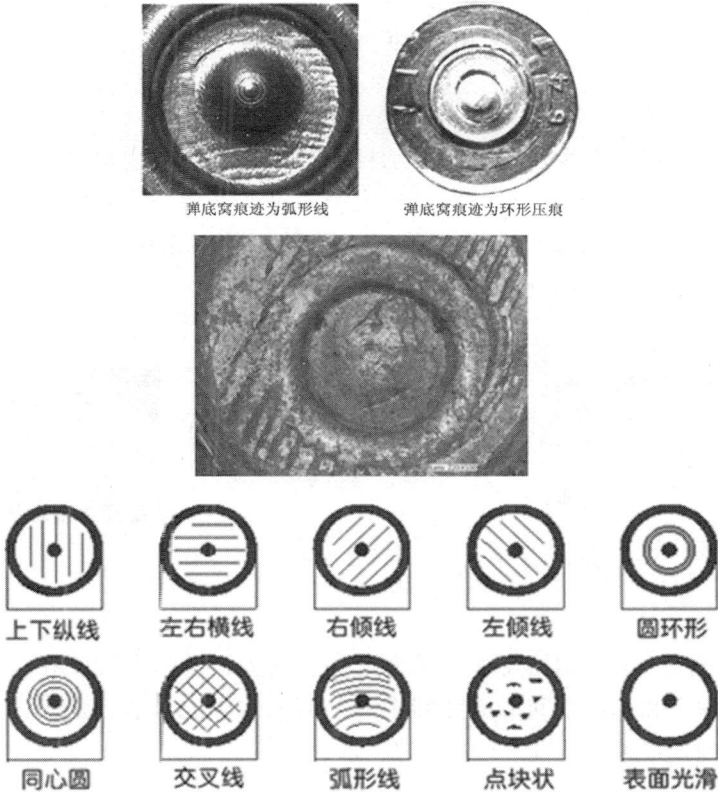

弹底窝痕迹为弧形线　　　　弹底窝痕迹为环形压痕

| 上下纵线 | 左右横线 | 右倾线 | 左倾线 | 圆环形 |
| 同心圆 | 交叉线 | 弧形线 | 点块状 | 表面光滑 |

图 22-8　弹底窝痕迹

3. 膛内壁痕迹

枪弹在发射过程中，受火药气体压力的作用，弹壳体部会与弹膛内壁贴压在一起，弹膛内壁的生产加工特征或使用过程中形成的特征会印压到弹壳的体部形成膛内壁痕迹（见图22-9）。由于不同的枪支弹膛内壁的生产加工痕迹不同，因此，弹膛内壁痕迹是区分发射枪种的重要特征。

右旋螺旋槽　　　环形槽　　　轴向槽痕　　　　　　　　　螺旋微凸痕上的擦痕

图 22 - 9　膛内壁痕迹

4. 指示杆痕迹

在枪弹上膛及击发过程中，指示杆会与弹壳底部发生碰撞从而留下指示杆痕迹（见图 22 - 10）。我国常见枪支中，仅五二式公安手枪、六四式手枪有指示杆，因此，指示杆痕迹也是区别枪种和给射击弹壳准确定位的重要特征。

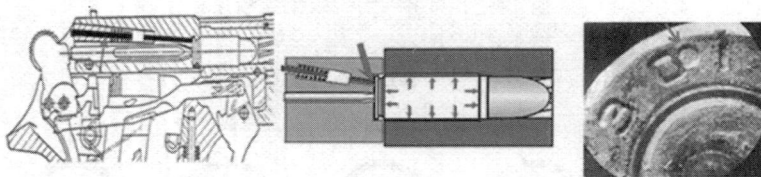

图 22 - 10

5. 烟熏痕迹

烟熏痕迹，又称烟垢特征，是当枪弹发射完毕、膛内燃气在枪机开锁退壳时，从弹壳和膛内壁间的缝隙间中冲出而贴在弹壳外表面的烟痕。烟垢特征可作为判别枪种的特征。（见图 22 - 11）

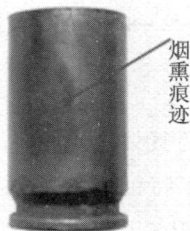

图 22 - 11　烟熏痕迹

（三）抛壳过程中在射击弹壳上形成的痕迹特征

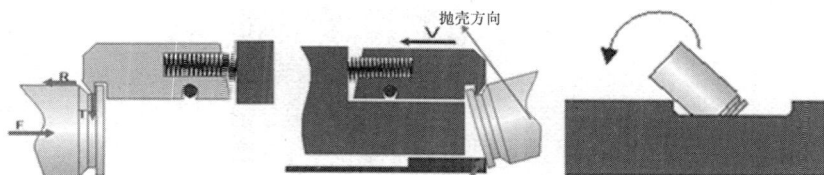

图 22 – 12

1. 拉壳钩痕迹

拉壳钩在枪弹装弹、击发以及退壳的过程中都会与弹壳底部发生接触，形成痕迹，其中退壳过程中形成的痕迹最为明显（见图 22 – 13）。不同的枪支，拉壳钩机件的形状、大小、位置会有所不同，可用来区分发射枪种。多次装弹、退壳会在弹壳底部、底边侧部以及底槽部位留下多处拉壳钩痕迹，观察时，应当结合抛壳挺痕迹仔细寻找。

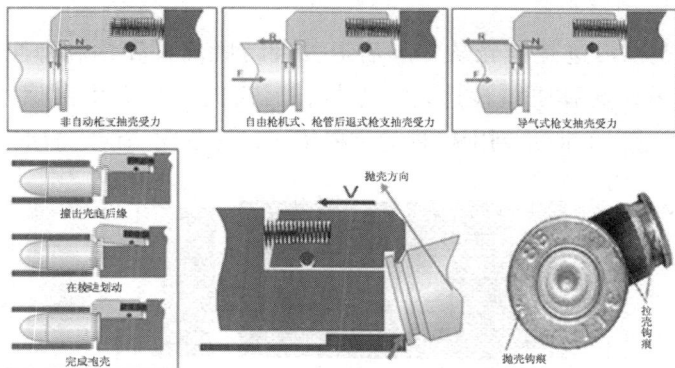

图 22 – 13

2. 抛壳挺痕迹

抛壳时，弹壳随枪机后移，以一定速度与抛壳挺发生碰撞。多数枪支的抛壳挺为刚性结构，抛壳挺材料硬度较高，因此，在弹壳底部会留下明显的抛壳挺痕迹（见图 22 – 14）。不同的枪支，抛壳挺的位置、形状会有所不同，因此，抛壳挺痕迹成为区分枪种的重要特征之一。观察抛壳挺痕迹时，主要看抛壳挺的位置、大小、形状以及抛壳挺挺面的线痕。

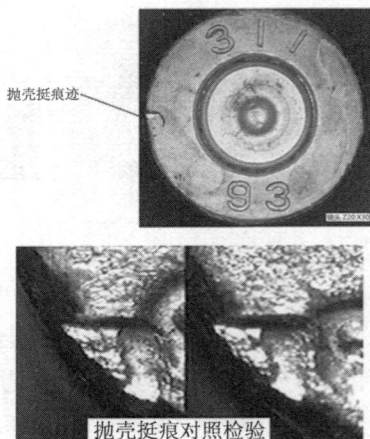

抛壳挺痕迹

抛壳挺痕对照检验

图 22 - 13　抛壳挺痕迹

3. 弹匣口刮擦痕迹

弹匣口刮擦痕迹是弹壳从弹膛后退并翻转脱离拉壳钩和弹匣口上方时，弹壳体部先纵向与弹匣口棱边发生摩擦，后横向旋转发生刮擦所形成状似"小旗"的痕迹。它既是判别枪种的重要依据，又是同一认定的重要特征。

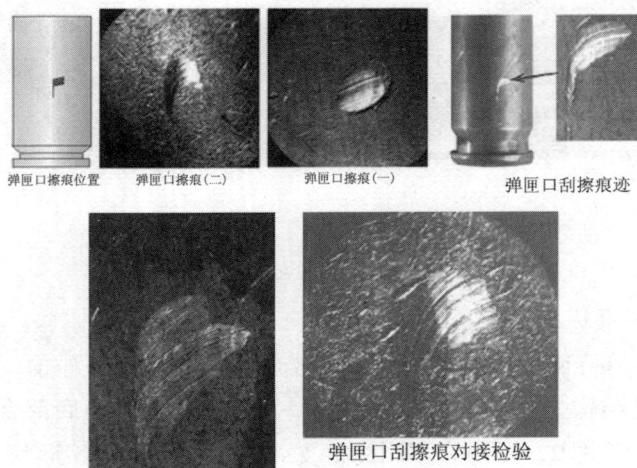

弹匣口擦痕位置　　弹匣口擦痕（二）　　弹匣口擦痕（一）　　　弹匣口刮擦痕迹

弹匣口刮擦痕对接检验

图 22 - 15

4. 抛壳口痕迹

　　弹壳底部与抛壳挺撞击后，弹壳以拉壳钩钩齿为瞬时回转中心产生翻转，被抛出枪支体外的这一过程当中，弹壳会与抛壳口边缘等部位发生碰撞，从而形成抛壳口痕迹。抛壳口痕迹遗留在弹壳体部，其形状呈唇状、点状等。抛壳口痕迹的位置、形状、大小以及抛壳口痕迹面中的细微特征等是判别枪种的重要依据。

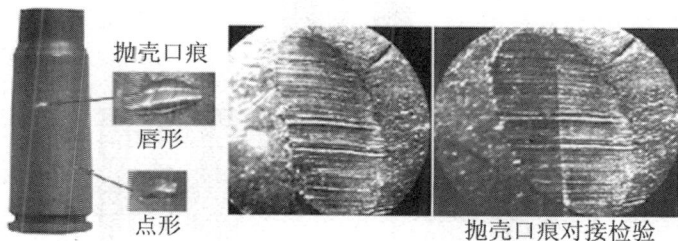

抛壳口痕

唇形

点形

抛壳口痕对接检验

六、实验作业

1. 标识出各种射击弹壳上的痕迹特征。
2. 写出实验报告。

附图一

枪弹痕迹鉴定图例（一）

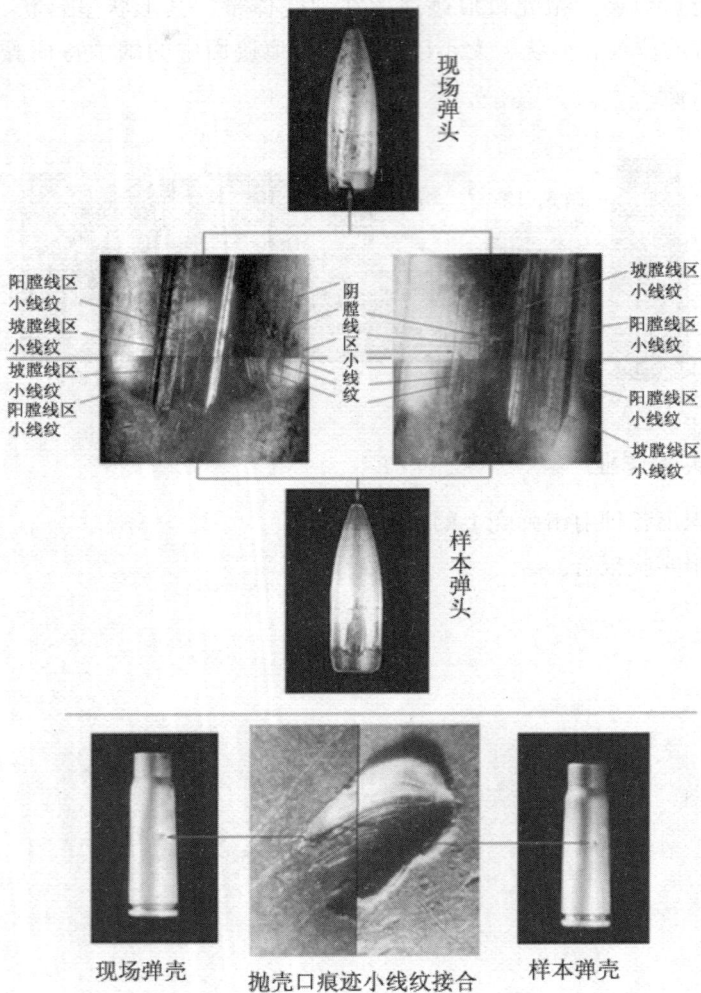

现场弹头

样本弹头

阳膛线区
小线纹
坡膛线区
小线纹
坡膛线区
小线纹
阳膛线区
小线纹

阴膛线区
小线纹

坡膛线区
小线纹
阳膛线区
小线纹
阳膛线区
小线纹
坡膛线区
小线纹

现场弹壳　　　抛壳口痕迹小线纹接合　　　样本弹壳

附图二

枪弹痕迹鉴定图例（二）

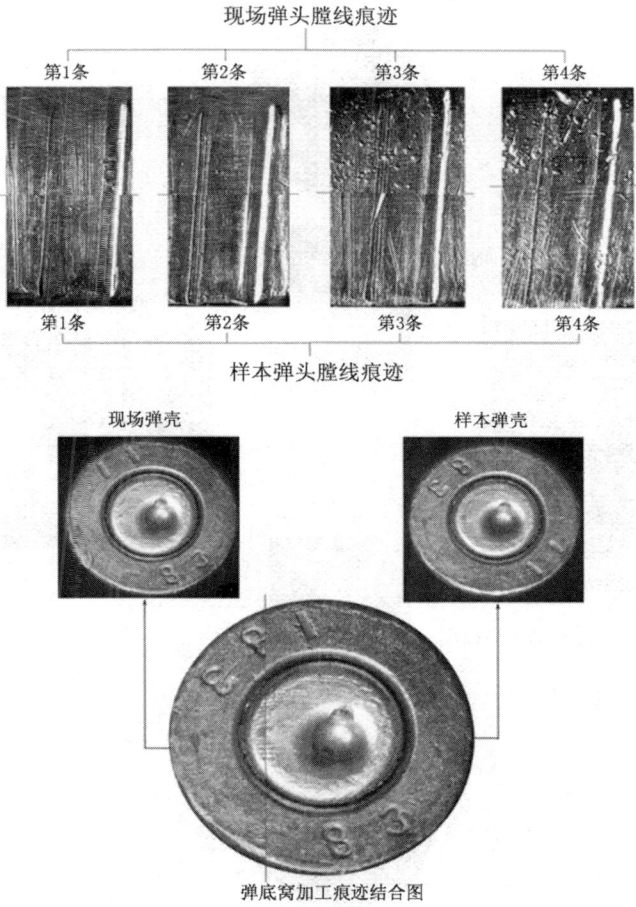

现场弹头膛线痕迹

第1条　　第2条　　第3条　　第4条

第1条　　第2条　　第3条　　第4条

样本弹头膛线痕迹

现场弹壳　　　　　　　样本弹壳

弹底窝加工痕迹结合图

附图三

枪弹痕迹鉴定图例(三)

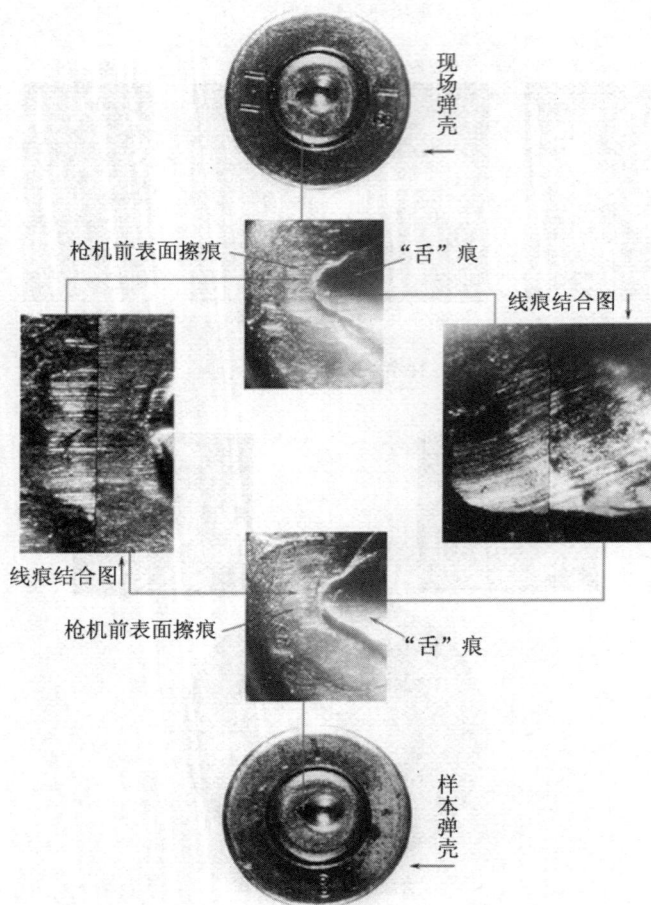

现场弹壳

枪机前表面擦痕　　　"舌"痕

线痕结合图

线痕结合图

枪机前表面擦痕　　　"舌"痕

样本弹壳

附图四

枪弹痕迹鉴定图例(四)

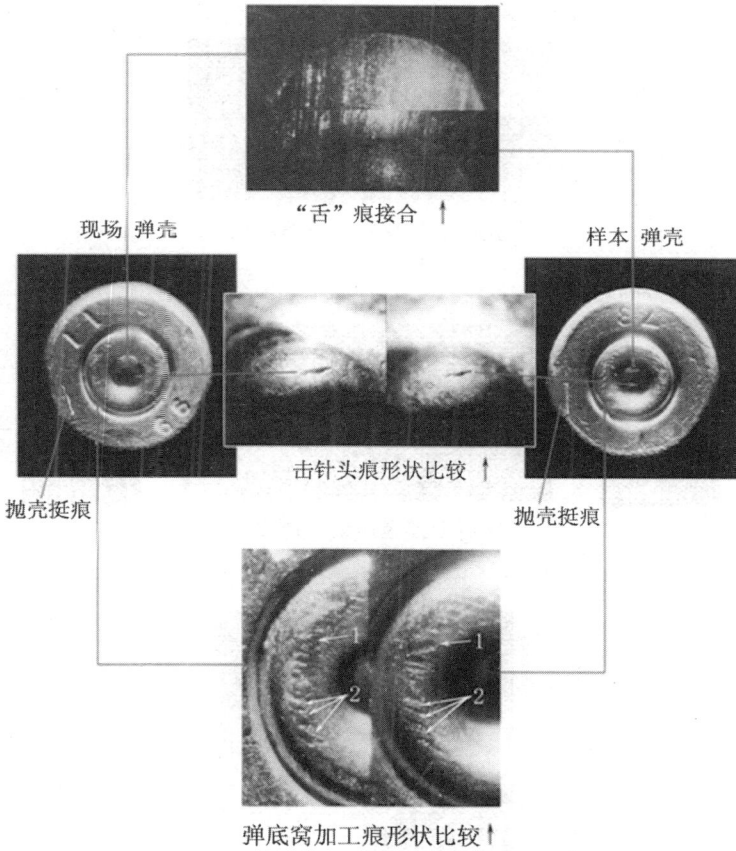

"舌"痕接合 ↑

现场 弹壳　　　　　　　　　　　　　　　　样本 弹壳

击针头痕形状比较 ↑

抛壳挺痕　　　　　　　　　　　　　　　　抛壳挺痕

弹底窝加工痕形状比较 ↑

附图五

枪弹痕迹鉴定图例（五）

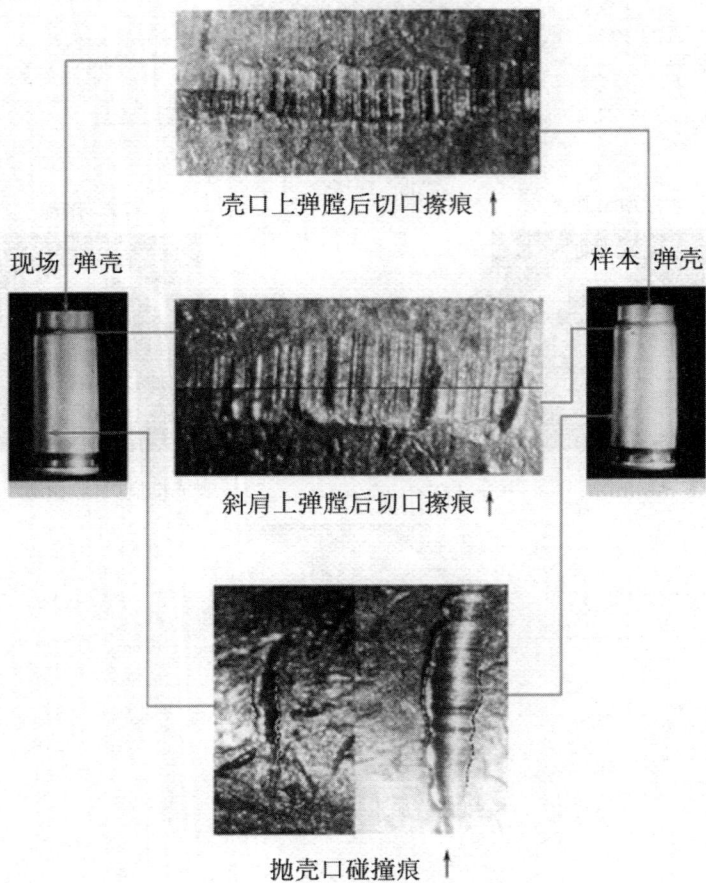

壳口上弹膛后切口擦痕 ↑

现场 弹壳　　　　　　　　　　　　　　　　样本 弹壳

斜肩上弹膛后切口擦痕 ↑

抛壳口碰撞痕 ↑

主要参考文献

1. 赵向欣：《中华指纹学》，群众出版社1997年版。
2. 邹明理主编：《痕迹学》，法律出版社2000年版。
3. 王成荣主编：《痕迹学教程》，法律出版社2002年版。
4. 刘文：《痕迹检验》，中国公安大学出版社2003年版。
5. 解云等主编：《中国刑事科学技术大全——痕迹检验》，中国人民公安大学出版社2003年版。
6. 罗亚平主编：《痕迹检验教程》，中国人民公安大学出版社2004年版。
7. 史力民主编：《足迹学》，中国人民民公安大学出版社2007年版。
7. 韩均良主编：《足迹检验技术》，中国人民公安大学出版社2008年版。
8. 奚居仁主编：《工具痕迹检验技术》，中国人民公安大学出版社2013年版。
9. 李洪武主编：《枪弹痕迹检验技术》，中国人民公安大学出版社2013年版。

图书在版编目（ＣＩＰ）数据

痕迹检验技术实训教程/米学军主编. —北京：中国政法大学出版社，2016.11
（2021.7重印）
ISBN 978-7-5620-7099-3

Ⅰ.①痕… Ⅱ.①米… Ⅲ. ①痕迹学（法学）－高等学校－教材 Ⅳ.①D918.91

中国版本图书馆CIP数据核字(2016)第263538号

出 版 者	中国政法大学出版社	
地 　 址	北京市海淀区西土城路 25 号	
邮寄地址	北京 100088 信箱 8034 分箱　邮编 100088	
网 　 址	http://www.cuplpress.com (网络实名：中国政法大学出版社)	
电 　 话	010－58908586(编辑部) 58908334(邮购部)	
编辑邮箱	zhengfadch@126.com	
承 　 印	固安华明印业有限公司	
开 　 本	720mm×960mm　　1/16	
印 　 张	14	
字 　 数	230 千字	
版 　 次	2016 年 11 月第 1 版	
印 　 次	2021 年 7 月第 3 次印刷	
定 　 价	39.00 元	